数字化财务

技术赋能 + 财务共享 + 业财融合 + 转型实践

鲍凯 / 著

中国经济出版社
CHINA ECONOMIC PUBLISHING HOUSE
北 京

图书在版编目（CIP）数据

数字化财务：技术赋能+财务共享+业财融合+转型实践 / 鲍凯著．—北京：中国经济出版社，（2025.1 重印）
ISBN 978-7-5136-7159-0

Ⅰ．①数… Ⅱ．①鲍… Ⅲ．①企业管理-财务管理-数字化-研究 Ⅳ．①F275

中国版本图书馆 CIP 数据核字（2022）第 214667 号

责任编辑　张梦初
责任印制　马小宾
封面设计　卓义云天

出版发行　中国经济出版社
印 刷 者　北京鑫益晖印刷有限公司
经 销 者　各地新华书店
开　　本　710mm×1000mm　1/16
印　　张　16. 25
字　　数　210 千字
版　　次　2023 年 1 月第 1 版
印　　次　2025 年 1 月第 2 次
定　　价　65. 00 元
广告经营许可证　京西工商广字第 8179 号

中国经济出版社 **网址** www. economyph. com **社址** 北京市东城区安定门外大街 58 号 **邮编** 100011
本版图书如存在印装质量问题，请与本社销售中心联系调换（联系电话：010-57512564）

前言

近年来，人工智能、大数据、云计算等新一代信息技术迅猛发展，在企业中实现了广泛应用，不仅颠覆了企业的经营方式，推进了企业的数字化转型与变革，也改变了财务部门在企业中的地位，对财务部门的数字化转型产生了积极的推动作用。

作为一个“承上启下”的部门，财务部门上接管理层，承接公司战略；下接业务人员，为其提供需要的资源，是对各个部门的经济业务进行汇总管理的核心部门。因此，企业的财务管理必须能够支持管理者决策，对各项资源进行统筹管理，使其价值得到充分发挥。但在传统的管理模式下，财务部门的工作职责比较单一，只局限于会计核算、发票核对等事项，根本无法充分发挥其对企业决策的支撑作用。

财务数字化转型是解决上述问题的最佳路径。在数字化转型的背景下，财务管理人员必须积极拥抱新技术，培养数据思维与能力，主动挖掘数据背后隐藏的价值，增进与业务团队的沟通，主动推进业财融合，加强对市场以及宏观环境的了解，形成中立客观的观点，对企业在未来发展中可能面临的风险做出精准识别与有效防控。想要做到这些，财务管理人员必须改变自己的定位，从传统的记账员向战略支持者、业务伙伴等角色转变，强化治理能力，为企业创造更多价值，简言之就是要实现数字化转型。

根据互联网数据中心（Internet Data Center，IDC）的定义，“数字化转型是利用数字化技术和能力来驱动企业商业模式创新和商业生态系统重构的一种途径与方法”。财务数字化转型就是利用数字化技术与能力重构财务组织与财务管理的业务流程，提高财务运营质量与效率，更好地为业务赋能，辅助经营，为管理与决策提供强有力的支持。

财务数字化转型可以带来很多好处：

- 财务数字化转型为企业各职能部门提供了一种全新的方法，可以更广泛地收集数据，对数据进行深入挖掘与分析，以实现更高层次的业务洞察力。
- 财务数字化转型可以对信息与服务进行整合，形成一套业务解决方案，对企业所有的资产进行集中管理，创建一个统一的智能存储库，对所有的应用程序、数据集以及软件进行统一管理，促进跨部门沟通与协作，推进企业的数字化转型。
- 财务数字化转型可以提高客户洞察力，更深入全面地了解客户需求，制订以客户为中心的计划，通过对结构化数据与非结构化数据进行整合分析，为业务发展提供科学的支持与依据。
- 财务数字化转型可以增进企业员工对数字化的认知，在企业内部塑造数字文化，对企业的数字化转型产生积极的推动作用。
- 财务数字化转型可以提高财务管理工作的灵敏性，进而提高其他业务系统的灵敏性，最终提高整个企业的运行效率，实现其更高效的创新与发展。
- 财务数字化转型可以打造企业内外部数字系统，实现“业财管一体化”，通过对企业的财务数据以及业务数据进行整合分析发现其中的异常，对企业可能面临的风险做出预判，进而采取有效措施进行处理，以保证企业实现健康可持续发展。

财务数字化转型的关键在于保证数据的真实性、时效性与完整性，要对企业的发展战略、财务管理质量与效率的提升、新技术提供的技术支持等进行综合考虑。同时，财务部门要借助各种信息技术，对部门发展战略、职能定位、组织架构等进行调整。具体来看，我国的财务数字化大致经历了 3 个阶段：

第一个阶段：20 世纪 80—90 年代，将信息系统引入财务处理，解决了数据系统化的问题。

第二个阶段：20 世纪末到 2015 年，随着 ERP 进入财务领域，会计信息化逐渐落地。在这个阶段，财务数字化主要由流程驱动，越来越多的企业开始推进财务共享服务中心建设，对各类业务核算流程进行统一管理。

第三个阶段：2015 年至今，财务数字化开始重点解决两大问题，即数据问题和数字技术问题。其中，在数据层面，财务人员致力于提高数据治理能力，创建数据资产目录，搭建数据指标体系；在数字技术层面，财务人员致力于利用深度学习技术规划资源分配，对企业的现金流以及收入进行预测。

事实上，财务数字化转型并非易事，而是一个系统、烦琐的过程，需要建设财务共享服务中心，促使各项财务工作实现规范化、标准化；要大力发展智能财务，解决管理会计的问题；要对业务数据、财务数据、管理数据等不同类型的数据进行整合，利用数字技术挖掘数据背后潜藏的价值，为财务模型的搭建提供有效指导；要改变工作思维与工作模式，主动学习各种先进技术与工具，在未来的市场竞争中获得优势。

本书立足于现代企业财务管理的理论与实践，结合笔者深厚的财务背景与管理经验，详细探究数字化时代企业财务管理的变革与转型，分别从智能财务、数智变革、技术赋能、财务共享、业财融合、数字化会计、数字化审计、数字化内控等八大维度，全面阐述了企业财务数字化转型的框架思路与路径方法，深度剖析 AI、RPA、大数据、云计算等数字科技在财务领域的应用场景与落地路径，并总结分析了中国石油、中国石化、万科集团、海尔集团、美的集团、浪潮集团、顺丰速运等大型知名企业的数字化财务建设，给国内企业财务数字化转型提供了行之有效的借鉴与指导。

本书脉络清晰、内容丰富，既体现出高屋建瓴的前瞻性战略思维，同时又分享战术层面的实操技巧，针对财务管理各业务模块的数字化转型提供了行之有效的实战策略，向读者揭示了数字化时代企业财务职能架构与业务流程的变革重塑，可作为集团企业高管，尤其是财务、业务管理人员学习的案头读物。

目　录

第一部分　智能财务

第二部分　数智变革

第三部分　技术赋能

第五部分 业财融合

第六部分 数字化会计

第八部分　数字化内控

第一部分　智能财务

第 1 章
智能财务：开启第三次财务变革浪潮

01　智能财务：财务管理 3.0 时代

随着计算机技术的出现，人类社会的生活与工作方式发生了翻天覆地的变化。经过多年的发展，计算机技术衍生出更多先进、便利的技术，并且广泛应用于各行各业，为各行业的发展带来了巨大变革。在企业管理领域，人工智能（AI）技术的应用最为广泛，并带动了该领域内组织架构、商业模式、管理流程、发展战略的颠覆性升级。

特别是近几年，人工智能技术取得突破性进步，应用领域得到了大规模拓展，覆盖了语义分析、决策支持、风险识别、人机博弈等诸多新领域。在财务与税务领域，机器人流程自动化（Robotic Process Automation，RPA）的出现为财务与税务的智能化发展带来了机遇，催生了“智能财务”的概念。

在我国，财务管理经历了电算化、信息化、智能化 3 个发展阶段。

1.0 时代：财务电算化阶段

财务电算化开始于 1979 年。在这一阶段，计算机软件得到初步推广，小型数据库开始出现，两者融合应用初步实现了部分会计核算工作的计算机处理，并在成本核算、固定资产核算等工作上代替了人工，提升了会计核算的准确性和实效性。但在这一阶段，信息技术的深层价值没有得到真正释放，即财务组织架构与处理流程没有发生本质变化，只是某些财务环节实现了自动化处理。因此，从本质上看，财务电算化还是以人工为主，并且人工与计算机的财务处理工作通常相互分离、互不干涉。

2.0 时代：财务信息化阶段

20 世纪 90 年代，持续升级的计算机网络得到进一步普及，企业资源计划（Enterprise Resource Planning，ERP）被提出，这为财务管理的发展提供了良好的条件，促使财务管理迈入信息化阶段。在这一阶段，企业更加注重业务与财务管理的融合，借助计算机网络强大的数据传输与处理能力，实现业务数据与财务信息的快速处理、实时共享与跨时空利用，促使财务管理逐渐由核算型转变为管理型。在这一阶段，信息技术的价值得到了充分发挥，财务管理流程实现了优化升级，人机协作成为这一阶段的主要特征。

特别是在 2005 年之后，随着财务共享服务模式的普及和移动通信、大数据、云计算、光学字符识别（Optical Character Recognition，OCR）等技术在财务管理中的广泛应用，财务信息化得到了飞跃式发展。这一阶段的财务共享服务虽然为财务会计流程提供了数据、管理和组织基础，促进了其信息化升级，但在推动业务活动流程与管理会计流程智能化升级方面进展仍比较缓慢，距离实现全面智能化的财务管理还有很长一段距离。

3.0 时代：财务智能化阶段

2010 年之后，人工智能技术得到了进一步发展，受到了业界人士的广泛关注。在神经网络技术与遗传算法技术的支持下，业界人士对人工智能的核心技术——机器学习技术展开深入研究，并开拓出新一代人工智能的发展方向。此外，模式识别、机器推理等作为人工智能技术的分支技术，也被应用于更多新场景。

近几年，随着移动互联网、物联网、大数据、人工智能、云计算等新一代信息技术的迅速发展，财务管理行业迎来了新的机遇与挑战，同时也获得了更为先进、智能的工具，为成本管理、风险预测、业务决策等环节的智能化升级提供了技术支持。

具体来看，移动计算技术能够突破时空限制，支持财务人员随时随地开展工作；财务智能机器人能够促使财务管理的个别环节实现自动化；数据处理技术能够对海量财务数据进行全面收集与准确处理，发挥财务数据的深层价值。类似的应用还有很多。总而言之，新一代信息技术在财务领域的应用大幅提升了财务管理的智能化水平，并推动财务管理迈向智能化阶段。

财务管理的智能化注重的是财务信息智能化、高效化处理，需要将新一代信息技术与财务管理工作进行深度融合，将各项技术的优势充分发挥出来。例如，将智能机器人、物联网等技术应用于财务处理，实现财务全流程的自动化处理，弥补人工操作效率低、准确性差等缺陷；将数据挖掘、神经网络等技术应用于财务决策，以对财务数据的深度分析为依托，制定更加科学的财务决策。财务智能化是更高级的阶段，新型技术的应用不仅能够优化和重塑财务组织架构和业务流程，而且能够创新和升级企业的管理模式和管理理念，为财务管理乃至企业管理的全面智能化提供条件。

“智能财务”的出现过程类似于“智能制造”“智慧医疗”，是随着新一代智能技术在财务领域的应用而诞生的，它推动着财务工作进入智能化发展的新阶段。

02 传统财务管理的颠覆与重塑

关于“智能财务”的定义，目前学术界尚未给出一个权威的解释，但我们可以参考智能制造的定义，将智能财务理解为：它是利用新一代信息技术为财务管理理论、财务组织架构、财务管理流程赋能，实现三者的升级与重塑，并借助智能化的财务管理工具，结合智能硬件和智能软件，推动财务管理全流程实现智能化、高效化的新型财务管理模式。随着新一代信息技术（IT）在财务管理领域持续“下沉”，智能财务模式将得到进一步优化，在未来有望实现全面落地。届时，一部分财务专家的工作将为智能财务所取代。

与会计电算化及财务信息化相比，智能财务的优势非常明显，具体如表 1-1 所示。

表 1-1 智能财务的三大优势

优势	具体内容
1	智能财务可以利用 RPA、神经网络、专家系统等技术实现财务工作的自动化、精细化处理，提升财务工作的连续性，减少中间环节的等待成本，同时将财务人员从常规的、重复性的工作中解脱出来，实现人力资源的优化配置
2	智能财务可以借助大数据、物联网等技术实现对海量财务数据的全面处理，最大限度减小误差，提高财务合规审查与财务风险评估的准确性与即时性，进而保障企业的财务安全
3	智能财务作为一种新型的财务管理模式，能够实现从微观上的具体财务处理环节与流程，到宏观上的财务组织结构、管理框架、管理理念等的全方位优化与变革，通过人机的灵活协作、深度融合开发更多新的财务管理功能，这既能提升财务管理效率，又能契合企业数字化转型的发展方向

在新一代信息技术高速发展与广泛应用的时代，智能财务成为企业财务管理的必然趋势。大数据、云计算技术能够对海量复杂的财务数据进行精准分析，释放数据价值；物联网技术能够实现数据

的动态共享，提升部门间的协作能力；人工智能技术能够提升财务服务的智能化、个性化水平，为企业财务智能化转型夯实基础。这些技术的协同配合能够减少财务管理成本，提升财务管理效率，降低财务风险，全面提升财务管理的智能化水平。

智能财务发展涉及的信息技术非常广泛，现阶段主要有移动通信、大数据、云计算、人工智能、模式识别、知识图谱、专家系统等，这些技术推动了财务管理的智能化转型，同时智能财务也为这些技术提供了更多应用场景，反向推动了这一系列技术的进步。

03　智能财务的基本架构与底层技术

关于智能财务的基本架构，我们可以从广义与狭义两个方面进行研究。

广义的智能财务架构

广义的智能财务架构通常由内部应用主体与外部环境组成，内部应用主体包括政府机构、事业单位、企业等，外部环境包括经济技术环境、智能财务发展供应链、行业组织、政府主管部门等，这些都是智能财务发展生态的重要组成部分，具体如表 1-2 所示。

表 1-2　智能财务发展生态的外部环境

外部环境	具体内容
经济技术环境	包括公共信息资源、财务市场、各类新型技术、管制条件等。它们是智能财务赖以发展的基础保障
智能财务发展供应链	主要包括系统供应商、咨询机构、培训机构等，为智能财务发展提供软硬件设备、智能化方案、复合型人才、培训课程等。完善的供应链是智能财务发展的前提

续表

外部环境	具体内容
行业组织	主要包括学术组织、行业管理组织、民间组织等。它们能够为智能财务发展提供信息安全知识、管理理论依据、管理工具与方法以及有价值的经验等
政府主管部门	包含一切与财务工作相关的政府机构和部门，如税务、审计、财政等，各部门协同制定相关法律规范、标准、政策指引等。在智能财务发展中，这些法律文件既能起到保护与推动作用，又能起到约束作用

狭义的智能财务架构

狭义的智能财务架构主要对企业内部的智能财务进行详细研究，探索各组成部分的协作原理与逻辑关系。智能财务的发展离不开人机一体化智能管理系统的支撑，因此首先需要对底层支撑系统进行详细研究。底层支撑系统包括智能感知系统、网络系统、数据系统与智能引擎系统，如表 1-3 所示。

表 1-3　智能财务的底层支撑系统

底层支撑系统	具体内容
智能感知系统	借助传感器、射频识别技术、二维码、条形码等，实现企业内部运行状况与外部环境变化等信息的智能感知与自动收集，形成智能财务数据库
网络系统	借助卫星通信、移动互联网、物联网等技术，对感知系统采集的数据实行全面、准确、及时的传输
数据系统	借助大数据、云计算等技术，结合商业智能工具（数据仓库、数据挖掘等），对智能财务的相关数据进行存储、加工和处理。智能财务相关数据包括支持智能管理的元数据、业务数据、财务数据、知识库、规则库等
智能引擎系统	提供智能感知引擎、推理引擎、核算引擎等多种类型的公共智能部分，是底层支撑系统的核心，为上层智能财务应用提供载体，可以满足智能财务各应用场景的需求

在各个底层系统的支撑下，智能财务应用能够有效完成财务信息感知、信息输入、信息处理、信息输出的全过程，将财务信息转化为优化智能财务发展决策的动力与工具。

（1）在信息输入环节，企业借助“业财管一体化”的智能信息输入平台，将企业经营活动与外部公共大数据资源等信息按照财务信息处理要求进行整合与输入。

（2）在信息输出环节，企业借助多维“业财管”融合报表、“驾驶舱”等展示平台将财务信息处理结果展示出来，企业内外部管理者与决策者可将这些结果和自身价值判断结果相结合，制定科学合理的财务决策。

（3）在信息处理环节，随着智能财务的不断发展，智能财务信息处理平台先后经历了智能核算型财务平台、智能管理型财务平台、智能战略型财务平台 3 个发展阶段，具体如表 1–4 所示。

表 1–4　智能财务信息处理平台的发展阶段

发展阶段	具体体现
智能核算型财务平台	在智能财务发展初期，智能核算型财务平台是财务信息处理的工具，主要借助 RPA、智能感知等技术推动财务核算工作向着智能化的方向发展
智能管理型财务平台	在智能财务发展中期，智能管理型财务平台出现。在智能核算型财务平台的基础上，引入大数据、人工智能、云计算、商业智能等技术，拓展财务工作处理的广度与深度，实现对更多高价值管理会计活动的高效处理，进一步发挥数据的价值，全面、系统、综合地推进智能财务的发展
智能战略型财务平台	在智能财务发展成熟阶段，智能战略型财务平台诞生。它是基于智能核算型财务平台、智能管理型财务平台的人机高度融合的财务信息处理系统。在信息处理过程中，智能战略型财务平台非常注重人机协作，尤其是在财务分析、数据推理与判断、财务决策等工作中。同时，智能战略型财务平台的侧重点在智能决策方面，并逐渐推动其发展成为智能财务的核心功能。未来，智能战略型财务平台将变得更加完善，在财务管理活动中取代一部分人力

04 驱动智能财务发展的“三驾马车”

随着智慧社会建设进程不断加快，智能财务日渐成为财务管理的必然方向，而智能财务的实现离不开政府、社会以及企业三方主体的共同努力。

政府的作用

众所周知，一项事业的发展离不开政府的支持。政府干预包括三种不同的情形：一是政府强制推行；二是政府指导与市场机制相结合；三是政府零参与，完全由市场主导。在智能财务发展方面，政府在选取干预模式时，应当对我国的市场情况与智能财务行业的发展特征进行充分考虑。

现阶段，我国企业数量众多，不同企业的规模、发展水平、管理模式、财务智能化水平存在比较大的差异。在这种情况下，政府强制推行智能财务或者完全由市场主导来发展智能财务可能都不会取得令人满意的结果。政府干预的最佳方式应该是政府引导与市场行为相结合。政府出台一些支持智能财务发展的政策与鼓励企业发展智能财务的保护政策，引导企业根据自身情况与市场环境有序推进财务智能化转型。

一方面，政府要重视智能财务事业的发展。根据新一代信息技术的发展方向与应用程度，制定智能财务的发展目标和实施规划，并根据每个阶段取得的成果进行适当调整，加强企业管理，推动智能财务事业发展。

另一方面，政府可以选出智能财务发展比较成熟的企业，发挥其带头与示范作用，同时通过新闻报道、论坛等各种渠道对其进行宣传，营造良好的市场环境。其他企业可以借鉴其成功经验，结合自身发展情况和智能化目标，制定合适的智能化策略，并在政府的保护下有序推进。

社会经济环境的作用

在政府制定智能财务的发展目标与实施纲要后，社会经济环境的作用便开始显现出来。在财务智能化策略执行方面，管理咨询机构、软件服务商、科研院校等社会服务机构是主要载体，社会经济环境为其提供了多种市场化途径。

管理咨询机构能够在企业发展智能财务的过程中发挥多种重要职能，例如，帮助企业制定智能财务发展规划，帮助企业分析和研究发展智能财务的条件，帮助企业明确自身定位，帮助企业精准选取发展智能财务的软硬件设施等。此外，管理咨询机构需要加强对新一代信息技术发展方向与应用领域的研究，不断提升自身专业能力，为企业发展智能财务保驾护航。

软件服务商也要抓住机遇，参考国外智能系统设计的优秀经验，结合我国智能财务的发展现状与我国智能财务系统的建设需求，借助大数据、人工智能、物联网、移动互联网等技术，创建具有“中国特色”的智能财务系统。

科研院校应当明确智能财务的发展趋势，开设与智能财务有关的专业，引进国内外优秀的教学资源，建设智能财务师资队伍，优化智能财务相关的课程体系，加大智能财务复合型人才的培养力度，在教学过程中注重理论与实践的结合，组织企业智能财务的模拟经营活动，提升学生对智能财务相关知识的接受度与应用能力。

企业智能财务建设的作用

在智能财务发展的过程中，政府和社会经济环境作为外部环境只能起到引领与推动作用，更重要的还是企业自身的驱动力量。不过，智能财务的发展是一项艰巨任务，企业应该以长远的眼光看待智能财务建设，并按照阶段目标稳扎稳打、有序推进。

（1）企业要强化财务智能化意识，认识到发展智能财务的重要性与必然性，将其作为一项长期战略来执行。

（2）企业要结合市场环境与自身发展情况，结合自身需求制定智能财务的发展目标与规划，找准切入点，明确各阶段的重点任务，有序推进智能财务建设。

（3）企业要充分利用新一代信息技术，促进财务管理理论体系、管理机制、组织架构、业务流程的优化升级，全方位推动智能财务建设。

（4）企业智能财务的合规性也非常重要，在建设智能财务之前，企业应当充分了解相关法律法规，在法律要求与约束下进行智能财务建设。此外，企业还应注意建设智能财务的社会影响，坚决杜绝有损国家、社会或个人利益的事件发生，保证智能财务建设健康推进。

第2章 未来财务：智能财务技术应用与场景

01 智能财务的应用落地场景

在数字化时代，智能财务具有广阔的发展前景，但影响其发展的因素也有很多，例如，相关的政策法规、信息技术发展方向、智能财务系统的创建程度、企业适应能力、企业需求程度等。而财务管理涉及的环节、流程非常复杂，这就为智能财务带来了广泛的应用场景，有一些应用场景已经落地。下面我们基于智能财务的应用场景来研究其应用趋势。

应用场景一：财务核算全流程自动化系统

这一应用场景使用的技术主要包括RPA、智能感知、神经网络、语义分析、OCR、专家系统、电子发票、移动支付、数据爬虫等。很多先进企业已经开始对这一应用场景进行探索，并取得了一定的成绩。

在这一应用场景中，上述新型技术使得财务软件更加智能化，信息展示工具也更灵活便捷，财务核算工作实现了全流程自动化。凭借各类新型技术，该系统能够对各种财务凭证进行智能化、自动化处理，同时以业务事件（采购、生产、销售等）代替财务人员，驱动财务处理全流程正常运转，从而有效提升财务管理效率。此外，在财务信息输出环节，系统能够将多维度的业财融合报表以动态、频道化的方式输出，为企业管理者与决策者提供决策参考。

应用场景二：智能财务决策支持系统

这一应用场景采用的技术主要包括大数据、知识图谱、神经网络、可扩展商业报告语言（eXtensible Business Reporting Language，XBRL）、遗传算法、智能机器人、智能诊断、智能预警等。除此之外，该场景涉及的理论也非常广泛，如数量经济学、控制论、系统论、信息论、模糊数学等。这一应用场景能够将上述技术与理论相结合，实现财务处理各环节的一体化。

企业运行过程中会产生海量的业财数据，智能财务决策支持系统能够对这些数据进行智能感知和自动采集，并利用财务分析模型、战略决策模型、战略预测方法、绩效考核体系等，结合专家系统和机器学习技术，对这些数据进行处理和分析，释放数据的价值，优化企业的经营决策。此外，数据可视化技术能够将晦涩难懂、错综复杂的财务信息进行直观、清晰的展示，使其易于理解和接受，极大地方便财务人员与财务信息使用者的交流与沟通。

应用场景三：企业智能财务共享服务平台

这一应用场景涉及的技术主要有数据挖掘、数据展示、数据爬虫、云计算、移动计算、专家系统、电子发票、OCR、RPA等。确切地说，这一应用场景其实是前两种应用场景基于财务共享服务平台展开的综合应用。

这一应用场景在前两种应用场景的基础上，借助上述各项技术实现财务处理智能化、自动化的进一步升级，使得企业财务人员的规模不断减小，财务服务的内容得到有效升华，即由一般事务性流程领域（如应收、应付、资产管理、费用报销等）向高价值流程领域（企业内部资金运作、审计、财务风险预测和管控、税务分析等）扩展。不过，这一应用场景的落地非常依赖相关的政策法规，目前尚无法准确预测这一场景的未来发展趋势。

应用场景四：人机智能一体化“业财管”融合管理平台

这一应用场景涉及的技术包括物联网、大数据、云共享、智能机器人、语义分析、深度学习等，主要注重两方面的融合，一是企业“业财管”的深度融合，二是人工智能技术与环境的融合。目前该场景尚未得到实践，仅是一种美好的设想。

在这一应用场景中，“业财管”的深度融合将使“业财管”数据得到大融合，相关数据将会以企业综合信息的身份被处理和分析，同时相关人员的任务将得到重新分配，其职能也将得到重新定义。

不过，这一应用场景需要对人、机的功能进行科学设计，同时也要依据企业经营策略合理分配两者的任务。最关键的是，企业要着重注意人机智能一体化可能带来的风险以及伦理问题，这是决定这一场景能否顺利落地的重要因素。这样看来，该应用场景发展的不确定性要比第三种应用场景更大。

目前，人类社会处于高速发展的数字化时代，智能财务自然而然地成为财务管理的必然发展趋势。尽管智能财务的出现时间较晚，但随着新一代信息技术的成熟和广泛应用，智能财务在未来必然会得到迅猛发展，其内涵与外延会不断拓展，其体系架构也会持续优化，并带动企业财务乃至整个企业实现数字化转型。因此，企业应该利用数字化技术持续为财务管理赋能，不断探索新的财务理论，并注重理论实践和修正，不断优化财务流程，推动智能财务全面落地。

02　数据智能时代的财务发展

进入大数据时代以来，逐渐成熟的大数据、人工智能等数字技术为财务职能转型提供了技术支撑，大量企业开始通过建立财务共享服务中心来推动财务职能转型。财务数字化是企业数字化转型的重要环节，有助于企业实现全业务流程数据的有效流动和反馈，促进业务运行朝科学化、智能化和高效化的方向发展。

将数据挖掘技术应用于财务分析，既能够让企业设置合理的业务目标和财务目标，也能通过对隐藏信息的发掘使企业避免危机或把握商机。智能财务也同样能够为企业赋能，通过优化经营机制和革新生产模式等方式增强企业管理的灵活性，提高企业应对市场竞争的能力，强化企业在产品和服务方面的竞争优势。

财务管理信息化

财务信息化就是企业利用先进的信息技术和管理方式集中管理财务数据，这不仅有助于企业统一财务管理的标准和流程，实现财务管理的规范化、制度化，加强对子公司的财务控制，而且能帮助企业提高业务透明性和展示结果的合理性，明确细分操作要求，减少在管理方面的运行成本，有效增强企业的竞争力。

目前，在财务领域，智能财务体系备受关注。一般来说，智能财务体系对业务运转所起到的优化作用与信息技术水平的变化呈正相关，也就是说，信息技术水平越高，优化作用就越明显，同时对管理方式革新的作用也会越突出。由此可见，信息技术在财务领域的应用有助于提升企业的战略价值，而财务领域的需求也会促进信息技术的进步和 IT 产业的发展。

财务决策智能化

数据科学是利用多种科学知识和科学技术分析数据，并从中挖掘价值的新兴技术，也是一门应用数据改进决策的科学。具体来说，数据科学对企业管理决策主要有以下几个方面的影响，如表 2-1 所示。

表 2-1　数据科学对企业管理决策的四大影响

影响层面	具体内容
决策主体方面	上至企业领导，下到基层员工都可能参与到企业管理决策当中，这使得企业管理决策的流程更加复杂，选择更加多元
决策权配置方面	数据科学在企业管理决策中的应用将有效减少管理层级，逐步建立起扁平化的组织结构，并进一步明确权利分配
决策思维方面	用数据决策代替直觉决策，数据科学能够通过整合、分析海量数据发现其中潜在的价值与风险，提高企业决策的准确性，降低风险
决策文化方面	技术创新优化了企业的决策方式，以数据驱动决策，大大拓展了数据的使用空间，让数据在企业决策中发挥出重要作用，有效推动企业管理模式的革新

财务数据共享化

(1) 智能财务面临发展困境，数据孤岛现象明显。

目前，我国大多数企业缺乏集中调度平台，难以对生产、销售、服务等业务环节进行统一管理，也无法统一业务数据和业务标准，使得数据孤岛现象严重，严重制约了信息共享，影响了企业智能财务的发展。因此，企业需要不断扩大信息技术在财务管理中的应用范围，加强财务管理与信息技术的融合和创新，以先进的计算机技术推进财务管理方式的进步，建立财务共享服务中心，进一步推动财务管理转型。

（2）财务共享价值凸显，业务规范标准统一。

随着世界经济一体化步伐不断加快，企业财务部门需要不断增强自身的决策支持能力，实现从财务会计向管理会计的转型，充分满足企业在业绩核算、预算管控、公司运营、风险预测等方面的需求，为企业的稳定运行和价值创造提供支撑，提高财务工作的价值。

随着大数据、云计算、人工智能和移动互联网等技术快速发展，市场环境不断变化，财务职能的转变和价值创造迎来了难得一遇的机会，也遇到了不小的挑战。企业可以通过建立财务共享服务中心，明确财务共享服务标准，对整体业务进行布局，升级并完善管理流程，统一管理数据，提高各业务部门执行标准的规范性和一致性。

03 赋能企业经营管理效能

资金管理精细化

（1）资金管理任重道远，科学助力精耕细作。

资金管理是企业财务管理的重要组成部分。科学合理的资金管理能够提高资金利用率和财务管理效率，强化企业财务的抗风险能力，有效保障企业的资金供应。因此，大数据时代的企业需要根据市场竞争要求和自身发展需求来革新财务管理模式，优化资金管控流程、升级资金管理体系、增强资金管理效能，并利用智能财务赋能企业经营战略，推进资金精细化管理，持续提升自身的市场竞争力，使企业能够更好地发展。

（2）构建新型供应体系，支持企业高效运营。

进入新时代后，企业对财务部门的业务资源、业务流程、工作效率等提出了更高的要求，需要深度融合先进技术和财务管理技能，创新会计核算方式，打造基于金融供应链的财务管理机制，积极推进供应体系的创新应用，通过对财务资源的整合优化促进资源共享。

智能财务体系对企业供应链的优化作用主要体现在以下几个方面，如表 2-2 所示。

表 2-2　智能财务体系对企业供应链的优化作用

层面	具体作用
信息传输渠道方面	智能财务体系能够为企业财务管理提供更加丰富、灵活、快速的财务信息传输渠道，有效增强财务信息的时效性，有助于企业实现高效运营
管理模式方面	智能财务体系的应用有助于企业建立金融供应链下的新型财务管理模式，借助科技的力量推进财务信息自动化
经营管理方面	智能财务体系的应用能够通过革新财务管理模式来强化企业的经营管理能力和核心竞争力

财务审计数字化

近年来，我国社会经济正朝着大数据时代快速发展，各种新兴数字技术的应用为市场环境、管理模式带来巨大的改变，也为企业的财务管理创新提供了全新的驱动力。企业应该充分利用数字技术赋能财务管理，打造信息化的审计体系，提高对数据信息的利用率和处理效率，加强对数据信息的管理。

目前，随着电子专用发票系统的建设速度越来越快，企业需要以更快的速度构建企业发票电子系统以满足自身在电子发票录入、报销、归档等方面的需求，提高会计档案管理的规范化与数字化水平。

电子档案是以字节、比特方式存储在网络和电子设备中的电子文件。电子档案管理系统通常由档案系统、财务系统、决策系统、业务系统、供应链系统和成本控制系统组成，系统拥有海量数据资源。由于企业的财务部门在处理数据时需要解决规则控制和数据整合等问题，所以财务人员要不断学习，以熟练掌握大量关于财务管理和数据管理的知识与技能。

智能财务可以依托大数据、云计算、人工智能等前沿技术整合企业数据，自动管理供应链业务到财务的全部数据，精准预测和管理财务资源，动态管理资本结构，维持资源配置、核心领域与新领域之间的稳定关系，科学把握风险水平与回报率之间的关系，帮助企业获取最大收益。同时，企业管理层也可以利用智能财务体系来探寻企业的发展方向。

04 构建下一代财务平台与生态

在数字经济时代，数据获取与处理能力将成为企业的核心竞争力。企业获取信息的速度越快，获取信息的价值越高，信息处理能力越强，越能先于他人发现商业机遇。为了获取这一能力，企业必须开展数字化转型。在企业数字化转型的同时，财务管理也要实现数字化转型，从财务信息化到财务数字化，最终朝着智能财务的方向发展。在这个过程中，智能财务技术的推广应用将对财务智能化生态的构建产生积极的推动作用。

智能化的财务未来

智能财务涵盖了三大平台，分别是基于业财融合的财务共享服务平台、基于商业智能的管理会计平台、基于人工智能的智能财务平台，各个平台的功能具体分析如表 2-3 所示。

表 2-3 智能财务三大平台及功能

平台类型	地位	功能
基于业财融合的财务共享服务平台	基础	该平台可以打通业务流程、会计核算流程与管理流程，实现数据的互通与共享，在一定程度上减少财务人员在大量非增值的事务性环节以及一些重复性工作上的精力投入，让财务人员可以专注于管理分析、风险识别、风险管控等事宜，为部门、企业创造更多价值
基于商业智能的管理会计平台	核心	该平台汇聚了大量数据，而且数据来源广泛、视角多变，平台的灵活性也比较强，可以共享业务数据与财务数据，促使管理会计实现一体化、体系化，为管理决策、企业发展战略的制定、经营战略的调整等提供数据支持
基于人工智能的智能财务平台	发展趋势	可以借助人工智能强大的数据处理能力，提高财务数据的处理效率，全面释放智能财务的价值

智能财务生态视角下的未来趋势

企业的数字化转型离不开大数据、人工智能等技术的支持，财务的数字化转型也是如此。近年来，随着各种财务智能化工具在财务领域的深入应用，财务行业原有的工作模式被颠覆，企业的信息链、产业链、资金链实现了互联互通。在数智化时代，集成与链接是核心理念，以此为基础创建的智能财务生态系统也要秉持共建、共享、共赢的原则不断重构、发展。

从智能财务生态的视角看，财务智能化转型以及业财融合打通了各部门之间的壁垒，增进了部门之间的沟通与交流，对行业协同共生的产业生态变革产生了积极的推动作用。在企业协同方面，大数据、人工智能等技术在财务领域的应用，可以统一数据口径，对数据进行规范化管理，提高整个产业的运作效率与效益。

从监管层面看，大数据、人工智能等技术在财务领域的应用，可以为税务、审计等监管部门提供更丰富、更高质量的数据，提高监管质量与效率。例如，税务智能化可以让开票、认证、申报等环节实现自动化，自动识别税务风险，有效规避风险；会计核算智能化为审计智能化奠定了良好的基础，不仅可以提高审计效率，而且可以降低财务舞弊风险。

从财务变革与发展角度来看，智能财务生态系统可以自动采集数据，对数据进行实时分析，从中提取高质量、高价值的信息；还可以促使一些标准化、重复性的工作流程实现自动化，提高财务核算的质量与效率。

总而言之，大数据、人工智能等技术在财务管理领域的应用，可以极大地提高财务预算及决算的质量与效率，还能基于历史数据对企业的财务状况以及赢利情况进行预测，为管理决策提供可靠的依据，辅助管理人员及时调整发展策略。

第 3 章
建设路径：构建企业智能财务体系

01　在线化、协同化、智能化

数字技术的飞速发展为企业数字化管理的发展带来了机遇与挑战，各企业需要充分利用数字技术推动财务管理革新，进而增强自身的财务管理能力。

智能财务管理体系建设无法一蹴而就，需要企业以自身战略目标和运营管理模式为依据，以“统一规划、统一标准、分级管理、分步实施”为指导方针，以“急用先行”为发展策略，找准合适的发展方式，稳步推进智能财务建设。一般来说，企业智能财务建设需要经历以下 3 个阶段。

在线化

在这一时期，企业财务管理中线下的信息流、影像流和实物流会转移到线上，企业可以建立基于信息技术的财务信息管理系统，推动业财融合，高效生产数据，在线自动完成财务管理中的核算工作，并实现对财务运行情况和资金流向的实时监控。除此之外，企业还要从自身需求出发进行实时、敏捷的财务分析，充分发挥财务管理在事前、事中的控制作用，为经营决策和风险管控提供支撑，进而提高财务管理效率。

协同化

在这一时期，企业的财务管理具有业财协同、产业上下游协同以及社会化协同的特点。企业要以业财一体化为基础，以价值创造为目标，充分利用财务数据，推动财务、管理、税务、社会等各部门的会计融合，加速会计职能拓展，打造能够满足不同核算需求的会计核算体系，加强供应链、产业链的有效链接和协同，建设联通、共享、协同的生态圈，促进企业内外的各方主体、各类资源、各项要素向企业聚集，通过价值共生的生态协同实现协作共赢。

智能化

在这一时期，企业以在线化和协同化为基础，借助大数据、物联网、云计算、人工智能、区块链等新兴技术，革新财务管理模式，促进财务管理智能化发展，全方位提升数据价值，完成从业务数据化到数据业务化的延伸，并全面推进应用智能化和决策智能化，让财务管理实现从“核算财务”向“业务财务”及“战略财务”的数字化转型，增强财务管理对企业战略决策的支撑能力。

02　财务共享：实现业务流程优化

作为企业数字化转型的先导者，财务是企业重要的数字部门。在企业众多的基础数字化能力中，财务对数据的收集、存储、加工、分析、管理、分享能力是一种核心基础能力。发展新基建是企业构筑数字经济的一种有效手段，数字基建是新基建的重要组成部分。

为此，企业应当加大对财务领域数字基建的建设力度，加大在流程优化、财务组织重构、运营模式创新等方面的投入力度。通过财务共享服务中心、财务能力中心、财务数字化转型“三步走”战略，构筑财务数字化发展的新路径，助力打造数据驱动下的企业决策和运营管理的新格局，深化企业的数字化转型。

作为一种综合性的财务管理模式，财务共享服务以多种信息技术为基础，以业务流程为核心，基于优化组织结构、提升服务质量、降低运营成本、强化内部风险意识等多元化的实施动机，从市场化的视角出发，向客户提供专业化、流程化、标准化和信息化的生产式服务和分布式服务。

专业化

财务共享服务中心的建设增强了企业财务的管理能力，分化了财务与经营的管理体系，使财务职能更加专业化。具体表现为战略财务凭借其集团层面的控制和管理职能，参与制定企业相关政策和制订相关计划，助力企业制定经营管理决策；经营管理财务团队负责参与业务单位的业务管理工作；共享服务中心参与处理战略财务和业务财务工作，是企业的交易处理中心。

流程化

为增强客户满意度和提升财务运作效率，财务共享服务中心细化、优化整个财务流程，致力于打造标准化、模块化的财务流程，实现数据和业务的融合，以不断增强组织的应变能力和灵活能力。

标准化

为创新财务管理制度，严格规范企业的业务行为，财务共享服务中心为集团和各分公司制定了统一的业务规范标准，以保障业务处理的透明度与公正性。财务共享服务中心搭建了一个专门的IT平台，集成了企业所有的财务制度与规范，极大地提高了财务共享服务中心的整体能力。同时，企业还可以对IT平台数据库中的数据进行提取、分析、加工，为经营决策提供精准的数据支撑。

信息化

在信息技术的支持下，信息系统平台的搭建是财务共享服务的重要环节，系统集财务制度、政策、流程于一体，系统中的数据库负责对数据进行集成、制作、传输、存储，通过有效衔接业务层、管理层、核算层和决策层，助力企业完成业务信息的采集工作，处理与财务相关的基础业务，提高财务运作效率，为客户提供更优质、更便捷的服务。

03 中台战略：构建专业能力中心

财务在企业管理中处于核心地位，实现财务业务一体化与财务职能转型是优化企业管理的必然选择，而这离不开财务中台、信息系统和数据中台的支持。整合财务核心资源，增强财务核心能力，构筑财务核心系统，打造统一的财务能力中心，基于财务中台实现财务链与业务链的融合贯通，统一协调、支配不同的战略业务单元，为应对财务风险制定专业的财务风险管理预案，可以助力企业在复杂多变的商业环境中提升市场竞争力。

财务中台沉淀、共享企业的核心财务能力

为了进一步满足前台的快速迭代需求和后台的稳定性需求，中

台作为一种妥协和进化的产物应运而生。用户需求影响前台快速迭代需求，而后台的稳定性需求又是前台快速迭代需求的支撑，因此，中台能力的共享和复用尤为重要。财务中台由财务业务中台、数据中台和组织中台构成。从某种程度上说，财务共享服务中心可以称作“中台理念的先行者”，因为其与中台在 IT 架构和职能整合方面有异曲同工之处。

信息系统支撑财务中台的有效运转

财务中台是连接财务与业务的纽带，而信息系统的支撑是推动财务中台高效运转的必然要求。财务中台通过对数据和业务进行剥离，为用户提供安全可靠的数据服务，并将财务数据和业务数据进行融合，提供企业级的财务服务，为业务应用直接赋能。

在企业信息系统的优化升级和财务业务中台的顺利构筑下，越来越多的数据接二连三地被发掘。如何有效利用这些数据资源、挖掘其潜在价值，是企业财务数字化转型需要重点思考的问题。

数据中台为财务数字化转型提速

在海量数据和新一代信息技术的驱动下，财务部门将成为企业的大数据中心。财务数据中台，是指对信息系统中各种业务数据进行收集和沉淀，从广度和深度两个维度将原始数据延伸为数据资产，助力企业实现数据驱动下的多业务场景，形成场景化服务的闭环。这种通过财务中台的建设来实现企业中台整体建设的方案，可以有效促进企业的可持续经营与发展，赋能企业实现数字化创新与转型。

04 技术赋能：驱动财务数字化转型

大数据时代的不断发展为企业财务部门的转型提供了必要条件。

在业财融合的过程中，财务部门将从后台向前台转型。财务是企业的大数据中心，基于数据中台收集、挖掘和处理企业内外各种海量数据，可以最大限度发挥出数据的潜在价值，为企业融入数字化时代赋能。同时，为了顺利实现数字化创新，财务也应当有一双洞察数据的慧眼，充分融合人工智能、云计算等新兴技术，推动数字化优化升级，并基于不同的业务场景开展不同形式的场景预测，精准研判财务风险变化，以便及时采取有效措施予以应对。

数字技术赋能财务智能化升级

新一代信息技术的发展为财务向数字化、信息化转型提供了新机遇。智能化管理在财务领域的广泛应用，将有效减轻财务人员的工作压力，进一步优化财务工作流程，大幅提升财务的管理水平和数据处理效率。

（1）云计算技术。

云计算技术可以解决智能财务的数据存储与计算问题。云计算的一个典型服务模式就是软件即服务（Software as a Service，SaaS），可以以较低的成本推动财务工作实现智能化转型，因此备受市场青睐。近年来，市场上出现了很多 SaaS 智能化财务软件，推动企业的票、财、税三大业务实现了巨大变革。

例如，企业引入专注于报销费控的 SaaS 软件，可以提高费用申请、报销填单、发票查验、会计记账等事务的开展效率，解决报销审批、发票核验流程烦琐、时效性差，各项费用管控力度不足，资金流向不明等问题。

（2）RPA 技术。

RPA 在财务领域的应用可以承担一些已经实现标准化的工作，让财务人员从繁杂的事务性工作中解脱出来，在提高工作效率的同时降低人力成本。例如，万科引入 RPA 财务机器人来处理应收、逾期催办业务，凭借大数据的精准分析能力，其催办的预付应收/逾期单据核销率达到了 91.44%。

（3）机器学习技术。

在智能记账领域，机器学习技术已经实现了广泛应用。凭借先进的强化学习与自然语言处理技术，机器学习技术能够对企业的支出收据进行扫描并分类，并对相关数据进行深入分析，可以在极短的时间内处理海量高度复杂的数据。未来，机器学习技术将在风险识别、舞弊交易规律探寻方面发挥重要作用。

（4）数据挖掘技术。

在人工智能领域，数据挖掘技术备受关注。该技术在智能财务领域应用，可以对海量财务数据进行处理，从中提取出有价值的信息，基于人工智能、机器学习、模式识别、数据库等技术为财务决策提供有效支持。在具体应用过程中，智能财务系统可以利用数据挖掘技术对会计信息进行深入分析，实现财务信息的智能化查询。

在数字时代，“大智移云物区”等数字技术是推动企业实现智能化和数字化转型的重要技术力量。作为企业价值管理的核心部门，财务部门必将迎来巨大变革。未来，在数据与业务场景的进一步融合下，业务场景中的数据价值将得到全面释放，全面预算管理、成本管理、管理报告与经营分析、合并报表、财务共享、司库管理、税务管理七大财务数字化场景将进一步实现，从而推动企业快速进入智能化和数字化阶段。

第二部分　数智变革

第 4 章
财务数字化：管理变革与突围路径

01 企业数字化转型的特征与挑战

近年来，以人工智能、大数据、物联网等技术为代表的新一代信息技术迅猛发展，并不断影响着社会经济的进步，使得各行业的发展模式和用户需求都发生了深刻改变。在此形势下，越来越多的企业开始利用数字化技术重塑组织流程、创新管理模式，以推动企业实现数字化转型。

在这一背景下，传统的财务预算管理模式不再适用，企业需要基于自身的数字化转型需求，积极运用数字化技术，结合自身发展情况，对全面预算管理工作进行优化和创新，以实现高效的全面预算管理，满足企业数字化转型的要求，推动企业实现长远发展。

目前，人类社会处于“信息大爆炸”的数字化时代，企业为了谋求更好的发展，纷纷开展数字化转型。那么什么是数字化转型？简言之，数字化转型就是业务数字化，是聚焦于解决业务问题而进行的活动，而业务数字化建立在信息数字化和流程数字化的基础之上。可以将数字化转型理解为利用先进的数字化技术将繁杂的信息转化为数字或数据，创建数据模型，对数据进行分析与应用，最终实现企业内部组织、流程、业务、商业模式、员工能力等全方位升级。其中，数字化技术是手段和工具，业务重塑是根本目标。

企业数字化转型的主要特征

（1）数字化的前提是发展理念的更新。

随着大数据等技术进一步应用，数据日益成为企业的一项关键生产要素，数据驱动企业发展的模式逐渐取代了传统层级驱动的发展模式，即发展理念发生了变革。企业借助新一代信息技术对内部业务流程与业务模式进行创新，使企业能够对市场环境中的经济数据进行整合、分析，以提升市场洞察能力，明确市场导向，优化企业决策，促进企业资源优化配置，扩大企业的市场规模，从而实现更好的发展。

（2）数字化的目标是获得更高的管理效益。

在数字化时代，企业开展数字化转型的目标是全方位提升管理效益，从而实现可持续发展。为此，企业应当积极利用数字化技术，打通企业内部各领域的数据孤岛，创建统一的数据共享平台，方便管理者和决策者随时获取和使用数据，从而明确企业发展现状和自身定位，并借助数字化技术优化和创新企业决策，弥补自身不足，放大自身优势，提升管理效益，实现更好的发展。在财务数字化转型中，业财融合能够很好地发挥业务数据和财务数据的价值，提升财务管理效率，进而驱动企业实现数字化转型与发展。

（3）数字化始终围绕着数据资源进行整合。

现阶段，企业的数据资源规模不断扩大，为企业数字化转型奠定了良好的基础。企业可以通过整合、分析这些数据，明确自身的发展水平和竞争实力，并通过对数据的充分利用，不断提升自身竞争力。在财务领域，财务数据涵盖的范围非常广泛，不仅包含基础的财务总账、财务报表、财务指标等，还包括管理机构、生产商、用户等主体产生的数据。财务管理是企业经营管理的一项重要内容，既能推动企业快速发展，又能反映企业的发展水平。

因此，企业要开展数字化转型，就应当从财务数字化转型切入，发挥财务部门的辐射作用，带动整个企业的数字化转型。企业应当借助数字化技术充分发挥数据的价值，实现财务组织、财务流程、财务管理模式、财务管理职能等的优化、创新和重塑，促进核算与管控型财务管理向业务支持型财务管理转变，从而实现价值创造。

企业数字化转型面临的挑战

在企业数字化、智能化转型的背景下，企业为了适应新的业务形态、商业模式以及产业竞争环境，必须改变传统的管理思维，向成功完成数字化转型的企业学习，形成一套独属于自己的数字化方法论，以更好地应对数字化转型过程中面临的困难与阻碍。具体来看，企业数字化转型可能面临的问题主要表现在 3 个方面，如表 4-1 所示。

表 4-1　企业数字化转型面临的主要问题

序号	主要问题
1	企业的数字化转型经验不足，尚未形成科学、系统的方法与理念，全凭管理者的主观意识推进，导致整个过程比较简单草率，只能以失败告终
2	企业数字化转型所依赖的数据比较简单，这些数据无法全面反映企业的经营状态，导致数字化转型脱离企业的发展实际，转型效果总是差强人意
3	企业数字化转型的管理机构与规划机构错综复杂，整体运行效率比较低

另外，随着 5G、云计算、大数据等数字化技术在各个行业深入应用，各个行业将呈现出以下发展趋势，如表 4-2 所示。

表 4-2 基于数字技术应用的行业发展趋势

序号	发展趋势
1	将打破传统的“从组织到规则”的发展模式，转变为“从规则到组织”，甚至是“自组织”的发展模式
2	企业会摒弃大规模生产模式，转向按需生产
3	网络沟通逐渐取代面对面沟通，使得沟通更加顺畅
4	企业不仅要考虑单一的业务链，而且要考虑整个产业链
5	财务要反映企业整个的经营状态
6	管理要打破传统的封闭模式，变得更加开放

从本质上看，企业的数字化可以概括为“联系、沟通、透明、分享以及集体行动”，其核心价值在于颠覆企业原有的业务模式与运行机制，重塑资源分配规则，提高资源分配效率，推动企业的管理理念、组织架构、治理方法不断创新。因此，在数字化转型的过程中，管理者要以不怕失败的决心和勇于承担的勇气颠覆传统的业务架构与组织架构，重塑治理体系。

02 数字化时代的财务管理变革

2022 年 3 月，国务院国资委发布《关于中央企业加快建设世界一流财务管理体系的指导意见》，明确指出“财务管理是企业管理的中心环节，是企业实现基业长青的重要基础和保障”，要求各中央企业“突出‘支撑战略、支持决策、服务业务、创造价值、防控风险’功能作用，以‘规范、精益、集约、稳健、高效、智慧’为标准，以数字技术与财务管理深度融合为抓手，加快构建世界一流财务管理体系，有力支撑服务国家战略，有力支撑建设世界一流企业”。

随着产业数字化进程的不断推进，产业与数字技术的融合日益深入，数字化转型逐渐成为企业未来发展的核心战略。财务管理是企业管理的重要组成部分，掌握着企业的重要资源和数据，能够直接影响企业的生存和发展。因此，许多企业在进行数字化转型时往往会率先推进财务管理方面的数字化变革。

企业规模越大、业务越多，面临的问题就越多，其管理起来也就越复杂。尤其是近年来，在新一轮工业革命的背景下，云计算、物联网、大数据、5G 等新一代信息技术的应用驱动企业朝数字化、信息化的方向转型，颠覆了企业原有的业务模式与组织架构。在此形势下，企业想要在新一轮产业竞争中获胜，必须积极引入数字化技术，主动完成数字化转型，重塑竞争力。

财务数字化转型的理念

财务数字化转型的核心理念是推动财务职能由衡量价值向创造价值转变。企业的财务数字化需要从财务信息、流程、业务 3 个维度共同推进，通过业财融合实现财务数据与业务数据的共享，通过对融合数据进行分析制定合理的财务决策，这也将反向推动业务流程的优化，提高流程效率，节省财务管理成本，实现价值增值。此外，业财融合还能提升客户体验，从而增强客户黏性，进而实现价值创造。

财务数字化转型的方向

企业数字化转型的方向是创建数字企业，相应地，财务数字化转型的方向是创建数字财务。数字财务是数字企业的重要组成部分，数字财务的发展能够帮助企业拓展更多财务功能，更好地发挥财务部门的职能。当然，伴随着财务的数字化转型，财务职能也会发生相应的变化，未来数字财务的主要职能将转变为战略财务、资本财务和智能财务，但最终它们都将服务于数字企业。

数字化重构企业财务管理变革

目前，企业财务管理呈现出智能化、数字化的发展趋势，各种数字技术在财务管理领域的应用加速了企业管理流程、商业模式、运营体系的转型，驱动财务管理的职能、模式、技术不断升级完善。具体来说，企业财务管理的变革主要体现在4个方面。

（1）财务管理职能变革。

从职能定位来看，企业财务管理的职能不再局限于核算和监督企业的各项经济活动，而是还包括支持企业决策、创造价值。进入数字时代后，财务管理将赋能业财一体化，打通政府、银行以及产业链上下游，并通过提高附加值的方式来分析企业经营过程中的盈利、资金、风险等，从而做好风险防控和绩效管理，契合企业战略规划，在降低企业管理成本的同时获得更高的效益，加速实现企业的战略目标。

（2）财务管理模式变革。

从业务模式来看，企业的财务管理将逐渐从基础核算模式转向战略、业务、共享“三位一体”模式。其中，战略财务管理模式更加侧重于总体管控，常见于多元化的集团公司；业务财务管理模式更注重业务服务，往往通过与业务的融合来提供更加精准的服务；共享财务管理模式则专注执行和服务，具有业务流程规范、效率高等多项优势。因此，企业将业务模式革新为“三位一体”的智能化财务管理模式有助于支撑企业进行数据分析和业务决策。

（3）财务管理技术变革。

从功能技术来看，大数据、云计算、人工智能、移动互联网、区块链等数字技术的应用大幅提高了企业的生产力，企业财务部门可以借助这些数字技术来完成对海量信息数据的存储、计算、分析、处理等工作，提高数据分析与计算的精确度，提升工作效率。与此同时，企业还可以利用基于数字技术的云平台应用灵活满足业务需求，并减少在业务开展过程中的成本支出。

（4）风险防控能力全面提升。

从风险防控来看，利用新兴数字技术自主研发财务管理核心系统是我国推进财务数字化的必经之路。不仅如此，新兴数字技术的应用也有助于驱动企业创新防范经营风险、资金风险以及债务风险的方式。

03　财务数字化转型的框架体系

在新技术驱动下，企业要想实现财务数字化转型，需要创建财务数字化框架体系，以支撑和约束财务部门的活动。财务数字化体系应当包含 3 个部分，即数字化的财务系统、交互化的管理系统以及智能化的决策支持系统。

财务系统数字化

数字化的财务系统是基于业务系统和运营系统，借助人工智能、RPA、大数据等技术，结合一定的准则（税务规则、财务准则等）和企业的要求（资金管控、预算管控、权限管理、合规性等）而设置的财务系统，能够摆脱传统纸质化的财务管理模式，并同步创建会计电子档案系统。数字化的财务系统是财务数字化转型的基础系统。

管理系统交互化

管理系统交互化需要借助新一代信息技术对业务系统、运营系统、财务系统中的海量数据进行整合、收集、加工、处理，包括资金及税务数据、业务及费用数据、人事及行政数据等，加工后的数据再通过商业智能（Business Intelligence，BI）工具、应用程序接口（Application Programming Interface，API）工具为流程管理、规则管理等赋能。

交互化的管理系统需要基于统一、共享的数据进行运作，这就要求企业借助新技术创建统一的流程管理和协同平台，整合分散孤立的数据，打造数据联动、融合共享的统一数据库。利用这些可以随时共享使用的数据为决策者提供决策依据，以实现数据赋能。

决策支持系统智能化

实现数据赋能是财务数字化转型的核心目标，而实现智能化的决策支持是数字化转型成功的标志。在数字化体系中，合格的智能化决策支持系统应当能够借助大数据、云计算等新技术发挥数据的价值，通过数据分析来支持决策的制定，实现数据赋能。

智能化的决策支持系统主要具备以下几个功能模块，如表4-3所示。

表4-3　智能化决策支持系统的四大功能模块

功能模块	具体功能
报表分析模块	能够借助新技术对财务报表进行智能化、标准化、移动化、可视化分析，合理评价企业的经营业绩，为企业经营决策的制定和优化提供依据
实时监控模块	能够借助物联网、人工智能等技术对财务流程进行实时监控和处理，同时应当具备高效传输处理数据、预测未来等功能
风险预警模块	能够借助大数据技术制定风险指标，并通过对海量财务数据的分析和对数据的可视化处理，对风险进行智能判别和自动预警

续表

功能模块	具体功能
管理“驾驶舱”	管理“驾驶舱”是高管使用的指标分析型系统，可以通过分析动态的 KPI 指标展示企业的管理目标，同时能够实时反映企业的运行状态与阶段性问题

智能化的决策支持系统能够更好地支撑企业决策，推动业务高效发展，从而推动企业实现数字化转型。

在新一代信息技术快速发展的时代，利用大数据、物联网、人工智能、云计算等技术为财务数字化赋能，能够实现财务管理模式的变革与重塑。在全新的财务管理模式下，海量财务数据的深层价值将得到充分释放，并为企业创造更多价值，从而扩大企业的竞争优势。同时，由于财务管理是企业管理的核心，因此新技术驱动下的财务数字化转型能够更好地推动企业的数字化转型。

04　企业财务管理的数字化突围

随着全球数字经济的快速发展，企业数字化转型已经成为必然趋势，特别是近几年由于新冠肺炎疫情的反复，使得传统经济发展模式受到极大的冲击，这更加印证了企业数字化转型之路的正确性和必然性。如何开展业务流程、产品及服务的数字化转型，成为现阶段大多数企业关注的重点问题。

现阶段，大多数企业的数字化建设通常包含信息数字化、流程数字化和业务数字化 3 个层面。对不同行业来讲，数字化建设的内容可能会有一些差异，但是其数字化转型的内涵与本质、所遵循的核心理念以及企业数字化转型面临的挑战却基本相同。互联网时代信息技术的发展带动了财务模式的变革，而随着新一代信息技术的快速发展与广泛应用，财务模式又迎来了更艰巨的挑战。

在数字化时代，新技术的蓬勃发展革新了原有的商业模式，商业模式的创新又给财务领域的发展带来了巨大的挑战，而财务数字化转型是应对挑战的最佳途径。现阶段，虽然很多企业开启了数字化转型之路，但大多数仅聚焦于信息数字化，没有在此基础上全面推行流程数字化和业务数字化。

随着新技术的持续发展，企业经营模式、业务流程等的不断创新变革，企业外部市场环境及社会环境也在持续变化，财务的流程数字化和业务数字化也必须同时开展，只有这样才能推动业财融合，消除信息孤岛，才能真正实现财务的数字化转型。

为了更高效地推进财务数字化转型，克服数字化转型过程中面临的种种困难，企业要做好以下几点。

- 数字化转型意味着企业的财务管理进入一个全新的发展阶段，在这个阶段，企业的财务部门要摒弃之前的管理思维与经营理念，积极学习其他企业财务部门数字化转型的成功经验，重构自己的知识体系。
- 企业财务部门的数字化转型首先要明确转型的目标和需求，做好顶层设计，也就是要先搭建数字化转型的业务架构、应用架构、数据架构，明确其与业务部门的相关性。
- 管理者在围绕数字化转型做顶层设计时要遵循“二八法则”，也就是自己要承担80%的任务，这些任务会直接影响到数字化转型的成败，剩下的20%交给技术厂商协同完成。

因为财务数字化转型面临的最大障碍、需要解决的核心问题，只有管理者清楚，而且很多问题“只可意会不可言传”这不仅要求管理者能够将问题清楚明白地表述出来，还要求技术部门对此正确理解，因为技术部门要在理解问题的基础上将其转换为系统的后台代码。

例如，某部门提出一系列资金需求，并为技术部门提供了一串指标。为了支撑起这个业务需求，技术部门必须明确数据源以及数据获取渠道。因为如果使用 Excel 表格来呈现这些数据，可能因为数据获取时间滞后、数据标准不统一，导致最终建成的系统不客观、不完整，无法满足业务需求。

再如，技术人员为某项业务设置红绿灯预警功能，要考虑具体的预警阈值、数据来源、指标构成以及各指标之间的关系等。因为这些数据完全掌握在企业手中，所以相关工作只能由企业来完成。

也就是说，企业的数字化转型需要技术与业务相互协同，由企业提出需求与设想，然后交由厂商来实现。只有企业提出的业务需求与厂商提供的技术支持完美契合，企业的数字化转型才能落地实现。

此外，为了使企业的数字化转型能够有序推进，软件技术厂商要与企业就更多问题达成共识。简单来说，就是让技术人员更了解企业的业务，让业务人员更了解技术，让两者的配合更加默契，以减少矛盾与冲突。其实这一点就如同 IT 与 OT 一样，企业为了推动 IT 与 OT 更好的融合，要增进 IT 人员对业务的了解，让 IT 管理业务与 OT 生产业务实现完美对接，技术与业务的协同也是如此。

第5章
敏捷组织：重塑财务组织管理边界

01 “大中台+小前端”的财务组织

在数字化时代，赋能逐渐成为一项重要的组织价值。随着世界逐步走向全球化、多样化、跨界化、生态化，组织的范围越来越广，边界也不再清晰明确。因此，企业要搭建“大中台、小前台”的组织架构，以更近的距离为一线赋能，提高组织的灵活性，实现多个业务高效协同，构建一个智能型的财务组织。

传统企业的人事组织大多为金字塔形结构，这种组织内部具有严格的等级制度，且每个独立的分支机构都配有财务组织。金字塔形组织结构存在数据管理割裂、财务组织分散的缺陷，各财务组织重视自身部门的利益而忽视了整个企业的利益，注重财务信息，而不注重与其他部门交流业务情况。如此，不仅需要企业承担更高的运作成本，而且大幅降低了企业面对市场的灵活性。

目前，企业所处的商业环境瞬息万变，企业的财务组织管理也应跟随环境的变化而变化。企业要以“共生”思维发展与业务伙伴和集团服务中心的关系（如图5-1所示），具体要做好以下三点。

（1）企业要担负起制定和监督落实战略、制度、政策、流程、标准的工作，并披露财务报告。

（2）业务伙伴要根据企业战略来参与企业经营，并向企业提供业务支持，帮助企业提升业务能力。

（3）集团服务中心要根据企业政策为其提供可靠、高质量、低成本、高效率的专业财务处理服务，例如，集团的财务共享服务中心可以提供总账、采购支付、固定资产、规则管控、税务申报等大规模、标准化、高重复的财务核算服务。

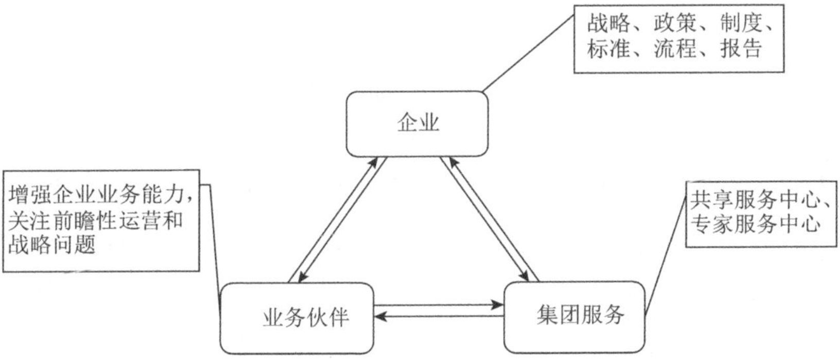

图 5-1　未来企业财务组织

企业的思维转向"共生"要求财务组织重新搭建组织结构，构建"大平台、小前端"的扁平化业务组织，精简中层管理人员的数量，培养员工和部门的灵活性和创造力，对员工关系进行弹性处理，形成合作创新的企业文化和自由的工作氛围，同时加强财务部门与其他部门的交流和协作。重构平台型组织有助于财务组织的数字化转型。"大中台、小前端"的财务组织主要有以下两大优势。

信息共享

随着企业不断发展扩张，各个业务部门的工作可能会有重复，导致工作效率比较低，而"大中台、小前端"的财务组织能共享信息，以前端的业务发展需求为依据向其提供支持，加强了各部门工作的协同，避免出现工作重复的情况，切实提高企业运作效率。

高效敏捷

“大中台”有助于实现财务部门和各业务部门之间的跨职能团队合作；“小前端”有助于利用自动化流程和单一数据源获取用于决策的数据和信息，并通过改变组织结构来增强财务组织的灵活性，让财务组织可以更迅速地提供精准的数据，充分发挥财务工作的价值。

企业构建平台型的财务组织，打破了组织边界，实现了实时连接，拥有了资源共享的“大中台”。企业的财务部门在“共生”理念的指导下确定了自己在整个企业平台生态圈中的位置，在工作中与其他组织相互协调。企业的财务共享服务中心以共享的方式实现战略财务、共享财务、业务财务的独立，转变财务工作的重点，推动财务会计快速向管理会计转变，促使财务部门在决策服务方面的价值得到充分释放。

要想让企业的财务部门充分发挥出其在决策服务方面的价值，就要全面推动组织架构转型，通过财务共享服务中心共享业务数据和财务数据，破除财务部门和业务部门之间的“数据壁垒”和“信息孤岛”，跨部门、跨职能地整合企业内外部的数据。财务共享服务中心建立的业务中心、智能中心、大数据中心将会有越来越明确的定位，并作为企业平台生态圈的中台迅速适应前端业务客户需求的变化，同时向后台战略分析部门传输数据，从而高效地决策和规避风险，助力企业创建数据中台，进而实现中台战略。

02 变革传统财务组织管理模式

近几年，世界范围内掀起了一股人工智能的热潮，云计算、大数据、物联网、移动互联网、人工智能、区块链等新兴技术及其相关应用带来了诸多变化。从宏观上看，这些新兴技术的应用对世界经济、政治、社会等领域影响颇深；从微观上看，这些新兴技术的应用促使企业的组织结构产生了变化，尤其使财务管理出现了翻天覆地的改变。

数字化技术的应用革新了财务组织的职能和工作方式。企业的财务人员要积极适应数字技术，利用数字技术改革财务组织管理模式，搭建协同共生的财务赋能平台，根据企业的发展愿景设置明确的改革目标，充分发挥潜能，迅速投入全新的财务运营模式当中。

财务组织的发展和创新要转变运营模式，建立智能化、创新化的后台和中心，进一步提高财务会计工作的准确性，并不断推进改革。

企业财务管理要随着财务组织转型工作的逐步推进协调好财务职能和财务人才等各个方面的转型，在转型过程中打造试点、总结并分享经验、做好财务职能定位等工作，确保所有阶段的转型动作能够达标。各阶段的具体任务如表 5-1 所示。

表 5-1　企业财务管理转型的 4 个阶段及任务

阶段	具体任务
顶层设计阶段	在总部的带领下对新财务体系的智能财务、功能演进、管控模式、职能趋势、落地实施方式、横向功能组合、纵向角色划分等进行详细分析和规划
分类试点阶段	对变革意愿、管控模式、业态类型、业务典型性、财务信息化程度等多种因素进行全面分析，并对岗位升维设置、赋能机制设计、人才能力解码、财务职能落地研究等工作进行合理安排
总结推广阶段	整合并归纳试点阶段获得的成果和经验，发现转型中存在的机会和风险，并不断完善转型方式，分享成功经验和典型案例，利用好数字化转型成熟度模型

续表

阶段	具体任务
达标验收阶段	严格按照自上而下的整体转型思路建立分类合理、便于实施的转型达标体系，引领其他企业掌握转型管理的关键点，从而顺利地进行财务管理的转型

03 打造智能敏捷的财务团队

企业重塑财务组织时，要优化组织架构中的人员配置并进行专业化的分工，将财务职能进一步分解为交易处理、管理控制和决策支持三部分，分别交由不同的团队负责。不仅如此，财务人员也要具备更高的能力。

企业的财务管理者要积极参与变革，不断学习并提升有助于企业发展的核心能力。就目前来看，未来的财务人员要具备数商、洞察、统筹、引领等多种能力。

数商能力

数商能力就是在海量数据中找出有用信息并加以利用的能力，包括收集数据、辨别数据、解读数据、应用数据等多种基于数据的能力。随着数据在企业管理中占据越来越重要的位置，数商能力将成为企业家管理企业需要具备的核心能力。一方面，企业的管理决策要有充足的数据信息作为基础；另一方面，在财务管理过程中，财务人员需要通过分析大数据来获取信息，探寻问题的本质和绩效管理的关键，将财务数据与业务相融合，加强财务管理。

洞察能力

随着互联网和大数据的不断发展，财务人员的工作将不再局限于处理数据、账簿和报表，而是要在变化不定的经济环境中及时洞察外部市场和财税政策的变化，在信息爆炸、垃圾信息泛滥的环境中精准识别核心信息，将种类烦琐、透明度较高的信息提供给企业，提高财务运营效率，降低财务运营成本。

统筹能力

财务人员要将自身的财务技能和科技创新能力运用到拓展客户、锁定客户、产品研发与运维等客户全生命周期管理中，在节约成本的同时提升效益。对于内部资源，财务人员要充分发挥自身的统筹能力进行协调，不断优化资源配置。基于业务需求和数字化战略要求，搭建全面预算管理体系和敏捷团队的绩效考核体系，实现财务和业务的全面融合，以财务助推业务。

引领能力

财务人员应该具备从战略上引领企业高质量、高速度发展的能力。企业的首席财务官（Chief Financial Officer，CFO）要利用好赋能和协同思维，提升财务组织的赋能管理能力和跨组织的协同管理能力，还要对所有的组织成员赋能，为组织成员打造一个可以充分发挥主动性的空间，引领组织成员探寻企业发展中可能面临的困境，迅速掌握并传递一线环境变化信息，提高组织的工作效率。

那么，企业应该如何获取熟练掌握数字化时代所需技能的财务人员并建设高效的财务团队呢？我们可以采用以下几种方式组建数字化的人才团队。

（1）挖掘和培养稀缺人才。

企业可以先测评出胜任财务各个重要岗位所需的关键能力，再以财务人员当前的财务水平和所需财务水平之间的差距为依据制定内训方案，并按照方案进行培训，从而提高在岗人员的综合素质。与此同时，企业还要关注劳动力资源变动趋势并及时进行预测，预先培养面向未来的职业技能人才。

（2）灵活配置人才队伍。

在劳动力市场中，技能型劳动力资源往往比较紧缺，企业即便加快对老员工的培训和对新员工的招聘也无法满足其对人才的需求。因此，企业要在成本、风险和效率基本可控的基础上，充分利用各种渠道招揽所需人才。

（3）组合管理专长人才。

企业落实财务数字化计划的过程需要大量具备各种专业技能的人才，但能够掌握多种专业技能的综合型人才寥寥无几。因此，企业要召集一些具备专业技能和特殊职能专长的人才建立专业化的团队，还要推进轮岗互学，把财务人员安排到各个业务岗位上进行学习，以拓宽其知识面、增加其技能。

04 财务部门职能的数字化转型

随着财务数字化的不断推进，财务职能正在发生巨大变革，财务人员的工作重心已逐渐从记录和报告结果向驱动和实现业务价值转变，从而使 CFO 创造价值的能力不断提升，逐渐成为企业战略价值创造伙伴。

在此形势下，CFO 的工作职责有所转变。在众多的工作事务中，CFO 要优先处理这三大事项：充分发挥数据的价值，推动财务数字化转型；领导数字化转型；培养能够满足财务数字化、企业数字化发展的优秀财务工作者。具体来看，在数字化转型背景下，以 CFO 为首的财务部门要做好以下五项工作。

建立数字财务核心

财务部门要积极引入大数据、人工智能等技术创建数字化的财务平台，由机器人、自动化系统代替人工处理一些流程化的工作，提高财务报表生成的速度与效率，并借助交易机器人等技术对交易事件进行自动化处理，实现非接触式财务。在这些智能技术的支持下，财务部门可以打造一个自动化的对账流程，在一天的时间内完成关账。

例如，某大型制造企业创建了一个统一的核心财务平台，将原本分散的财务系统整合到一起，不仅支持管理人员实时查看各分公司的财务信息，而且能够对财务数据进行自动分析，从中获取有价值的信息，对各分公司以及各业务线的发展情况做出预判，辅助管理者及时调整发展战略，保证企业健康发展。

变身分析“智囊团”

在企业发展过程中，以 CFO 为核心的财务部门可以通过数字核心平台不断发现新问题，获取新的战略洞察结果。过去，财务部门的一项基础工作就是对某个事件进行分析，然后生成分析报告。在数字核心平台的支持下，财务部门可以对业务增长可能遇到的风险与机遇进行洞察，发现新的竞争优势，为业务模式调整提供指导性建议。

例如，埃森哲的应付账款优化应用程序，基于数字核心平台发票自动化管理功能，可以提供监管与分析支出两大功能，从资本运营的角度对发票以及应付账款进行科学管理，推动企业应付账款团队的工作方式发生了一定的变革。

将财务员工转型为价值架构师

借助人工智能以及大数据分析等技术，财务人员的工作重心会逐渐从会计、管控等领域逐渐转向为企业提供业务咨询，参与业务运营与业务规划，围绕如何提高投资回报率提出自己的意见与建议，从普通员工转型成为企业的价值架构师，切实提高个人价值以及部门的生产力。随着财务部门生产力水平的不断提高，企业可以更高效地管理财务组织，降低财务管理成本，出具财务报告。

放眼全球，那些处于高速发展阶段、充满活力的企业都在积极推进财务职能变革。相较于其他企业来说，这些企业的 CFO 更愿意思考未来，而不是总结过去，更关注新的业务价值领域，总是思考如何引入那些具有颠覆性的新技术来为企业的发展助力，并且会积极引入数字化技术革新财务部门的工作方法，进而提高整个企业的运营效率，帮助企业更好地应对瞬息万变的市场环境，快速适应不断变化的商业规则。

智能平台是数字化财务的发展起点

在向战略业务合作伙伴和价值架构师转型的过程中，财务部门需要一个功能强大的智能平台的支持。因为在角色转变的过程中，财务人员需要承担很多预测任务。例如，某消费技术企业的财务部门要通过数据分析预测客户的消费选择，预判升级服务或者增加服务的时机，以及可以对客户行为产生影响的具体措施。

为了实现这些功能，财务部门需要很多垂直化的能力，这些能力需要通过智能平台获取。智能平台建立在物联网、机器学习、人工智能、区块链等数字技术的基础之上，不仅可以为财务的数字化转型提供大量工具，而且可以为财务效率的提升以及财务人员角色的转变提供必要的能力支持。

立即行动：另辟蹊径

以智能平台为基础的财务数字化转型不可能一蹴而就，而是需要经过多个阶段。为了保证整个过程有序推进，财务部门可以制定一个系统、科学、可行的数字化转型方案，对业务价值进行持续衡量，为业务改进与创新提供新思路，并对数字化转型路线进行动态优化。另外，财务部门还可以根据数字化转型需求，与专业的第三方机构合作，获取数字化转型工具与方案，加快智能平台的构建。需要注意的是，无论财务数字化转型方案还是智能平台建设，都必须因地制宜，结合企业所在领域、所处行业以及技术发展趋势对企业的财务职能进行重构。

第 6 章
转型法则：数字化赋能财务会计创新

01　转变角色：从管理到战略转型

现如今，数据资产作为一种极其重要的生产要素，对于数字经济时代下的企业发展有着重大的作用和影响。对于企业来说，获取利润、创造经济价值是其发展的主要目标。为此，企业必须将数据资产作为重要生产要素纳入财务管理的范畴，以此作为财务会计的重要内容，优化数字时代的财务会计管理。

数据资源的开发利用对于发展经济新动能具有重要的战略意义。为了进一步发展会计信息技术，拓展其应用范围，解决数据资产的确认与计量问题，企业应当抓住数字时代的机遇，顺势而为，探索出一条卓有成效的路径来推动财务转型与升级，以追求更高质量、更加长远的发展。

随着数字经济的持续发展，传统财务会计在工作中会逐渐遇到很多困难。针对这种情况，财务会计必须顺势而为进行财务转型，只有这样才能在互联网经济的大趋势下获得长远发展。在大数据时代，决策作为应对企业内部生产经营和外部市场竞争管理需求的重要抓手，能够大幅度强化财务管理效率，获取更多效益。财务会计是实现企业价值的一种重要方式，其中的财务数据将成为企业财务转型的一种重要资产。

财务会计通常作为执行层开展传统的管理活动，但由于参与次数少，所以在管理会计战略规划中发挥的作用有限。而企业财务人员进行角色转变，参与制定企业相关决策和战略规划，能够为企业的可持续发展注入新的活力。

例如，在当前的市场经济秩序下，为有效推动企业重大项目的论证实施，促进企业发展战略的落地，财务必须做好带头示范作用。具体做法是：为提升资产运营水平，设计并制定行之有效的资产运营保障行动方案；以资产运营效率与效益为指标，不断提升资产周转效率以及资产盈利能力；量化资产运行效率、安全、收益和质量目标，充分利用杜邦分析方法分解资产考核目标和问题；着力优化预算管理、对标管理和价值管理，将高效率运营、高质量发展、高效益回报作为资产资源配置的重要目标，以精细化运营的方式深度挖掘资产潜力，聚焦资产内涵式效益管理，为高效的资产运营提供有力的支持。

02　业财一体：从财务到业务转型

在数字化背景下，管理会计对业务数据的需求更加旺盛，这就要求企业必须优化内部分工与协作，彻底解决各部门之间的信息孤岛问题。为此，财务部门必须做到以下几点：增强与业务部门的沟通与合作，对财务数据和业务数据进行共享，对企业相关经营活动进行全面把控，实现财务会计向管理会计的转型，以获取更多真实、可靠的数据，增强数据的保护力度。具体应做好如下工作。

财务与物流的融合

财务管理会计在处理物流业务时，必须事先确定企业的探索价值。为解决高昂的物流费用问题，财务应当整合、协同业务链和价值链，对物流中心进行深度调查和研究，深入分析物流业务整体和各环节存在的问题，融入战略成本管理和作业成本管理理念，制定改善方案，科学谋划物流生产力的空间布局，合理配置物流资金的使用方式，制订精准、严密的投资计划，加大对物流源头的管控力度，严格遵守“审慎投资”的原则对物流行业进行投资。

企业要完善物流网络布局和区域布局，采用优质高效的物流运营模式，降低物流要素成本，充分发挥信息驱动的作用。同时，企业要基于科技创新驱动，充分融合“互联网+”技术，开辟多种路径，激发内部活力，释放物流发展新动能，构建智能化、一体化的现代智能物流模式。此外，为了使整个物流流程实现高效协作，企业应当重点管控仓储、生产、运输、装卸、销售等环节，提高作业效率，减少作业消耗，利用作业成本法编制资源使用计划，对未使用的资源进行合理配置，从而实现物流的最大价值。

财务与研发的融合

成本压力大、产品利润低是企业普遍存在的问题。为了解决这一问题，企业应当加大财务和技术的研发配合力度，科学运用产品品种、生产工艺设计理念和技术方法，从源头上对产品、工艺进行设计与创新，并采取多种方式降低生产成本，提升产品质量和服务，进一步增强产品的竞争力。

财务与生产的融合

财务与生产是相互影响、相互作用的关系，企业从财务到业务的顺利转型离不开财务与生产的双向融合。为了实现按需生产，企业需要架构精益生产的组织模式，合理布局生产结构，对生产制造环节进行持续优化，以降低生产成本，提升生产效率。另外，企业要通过科技创新优化生产工艺和技术，提升装备协作能力，创新财务管理与生产管理模式，充分利用财务数据管理功能大幅提高设备和资源的利用效率。

03　精细运营：从数据到资产转型

财务数据是企业经营管理的关键，企业可以通过财务数据把握市场发展方向，聚焦内部管理问题并分析原因，制定相应的解决方案，并深度分析企业的长期亏损问题，制定实现产品降本增效的合理化建议。

为了实现精细化管理与运营，企业应当采用矩阵分析法对产品、价格、市场等因素进行深度分析与研究，通过大量财务数据对企业管理运营情况进行实时分析，构建全面、合理的对标管理体系。作为反映企业生产经营过程和成果的经济指标，财务指标体系可以从纵向、横向两个维度对财务数据计算指标进行分析，针对其中存在的问题有针对性地提出解决方案。同时，企业还应当对未来的投资计划进行深入分析，对资金进行合理分配。

数据标准能够确保数据使用和交换的一致性，而数据标准管理是数据管理体系中的重要环节，有助于企业实现科学管理。

目前，部分集团企业已经将财务共享服务中心应用到财务管理工作当中，并积极推动企业财务管理模式转型，促进业财融合，集成业务、财务核算、税务核算、资金管理、电子档案管理等多项工作。

对企业的财务数据管理来说，数据标准化是建立统一的数据分析体系，打通财务数据与业务数据之间的壁垒的基础。数据标准化就是对数据进行预处理，通常可以分为主数据标准化和分析指标标准化。

其中，主数据包括产品数据、物料数据、客户数据、渠道数据、供应商数据和企业组织架构等，主数据标准化指的就是这类数据的标准化。分析指标包括变现能力比率、资产管理比率等，分析指标标准化指的是企业对财务指标、业务指标和指标的分析维度、分析频率、数据源等进行规范和统一。

企业要想实现业财融合，就必须积极推进财务共享模式的发展。企业在推进财务共享的过程中既要整合财务数据、业务数据、人力资源信息等，也要重视建立统一、规范的数据标准，打通财务数据与业务数据融合的渠道，实现数据共享。

随着大数据时代的到来，“数据即资产”的理念受到人们的广泛认可，越来越多的企业开始通过引入数据中台来管理数据资产。具体来说，数据中台具有数据标准管理功能，能够利用数据移动、数据转换等方式统一管理数据，全面发掘数据价值。

如果企业能够实现数据标准化，那么数据的穿透性将大幅提高。从技术的角度来看，数据中台中的数据移动功能能够全面盘活财务信息，充分发挥非财务数据的决策支持作用。随着财务数字化进程的不断推进，企业在传统财报“三张表”的基础上又新增了一张关注业务数据的经营报表，并将其作为第四张报表，这主要是为了研究企业的商业模式，实现数据变现，并借助非财务数据评判企业价值。

04　数字化时代财务会计的创新路径

在数字化时代，大数据、人工智能、云计算等新一代信息技术在各行各业广泛应用，智能化、数字化成为推动行业转型和升级的重要驱动力。企业数字化转型涉及多个方面，包括组织变革数字化、企业架构数字化、业务流程数字化、技术体系数字化等。企业的数字化战略更是实现了从业务驱动向数据驱动的转型，数据成为企业财务转型和创新的关键因素。

目前，财务转型已经成为必然趋势。为此，企业财务要顺势而为，借助新一代信息技术先实现财务业务的标准化、信息化和流程化，进而实现财务业务的自动化、智能化，最后再过渡到财务数字化上来。同时，企业应当审时度势，推动财务组织架构变革，构建新会计制度下的财务管理模式，为财务数字化转型赋能。具体来看，企业财务升级创新主要表现在以下几个方面。

账表体系由封闭转向开放式创新

随着区块链技术的广泛发展与创新应用，现行的封闭会计账表体系将迎来巨大变革。传统会计复式记账法下的账簿体系封闭性强，而区块链技术凭借数据不可篡改、去中心化、可追溯、公开透明等特性，为财务账表体系的创新奠定了坚实的技术基础。

财务工作由自成体系转为业财融合创新

传统财务管理模式下的财务和业务是两个相互独立的体系，而数字化时代下的财务管理持续创新，与业务实现了双向融合。就管理形式而言，传统财务管理属于静态管理，而数字化时代的财务管理实现了预测、决策、预算、控制和分析的有效衔接，是一个动态化的管理过程。

财务服务由综合性转为个性化创新

现行的财务服务与数字化时代的财务服务有着明显的区别，主要表现在：现行的财务服务以用户的综合性服务为目标，定期提供财务报表是其主要的服务形式。数字化时代的财务服务则以满足用户的个性化需求为目标，致力于对财务信息进行充分发掘和利用，“以人为本”的理念更加深入人心。

财务信息由严重滞后转为及时性创新

传统模式下的财务信息存在严重的滞后性，即财务报表编制无法实时展现企业生产经营活动所创造的所有有效的劳动成果，也无法及时掌握企业的现金流量情况。而数字化时代的财务信息可以实现实时传送，辅助管理者实时掌握企业的现金流情况，做好财务报表编制工作。财务信息的变革和创新有效提升了企业会计核算的速度，为市场经济环境下管理者及时决策提供了支撑。

财务分析由小数据转为大数据的创新

就财务分析而言，传统财务分析的数据和资源很少从外部收集，大部分是从企业自身或分公司、子公司获取，这些数据和资源承载的内容比较少。而进入数字化时代后，财务分析使用的数据和资源不仅可以从企业内部获取，还可以从所属行业、竞争对手、产业链相关单位等外部挖掘，实现小数据和大数据的融合创新。当然，企业财务多措并举地收集这些数据和资源信息，必须在相关规定和制度下进行。

财务核算由软件化转为智能化创新

传统财务核算主要通过人力完成，判断误差大、财务工作效率低、决策流程烦琐等问题比较严重。而数字化时代的财务核算实现了智能化创新，人工智能使得人机工作分离，其中会计证据的收集和核对工作由智能机器人完成，提高了财务核算效率，降低了人工出错率，使得财会人员可以快速分析海量收支业务，对各环节、各层级的收支业务活动进行智能化管控。

总而言之，数字化时代背景下的财务会计管理实现了质的突破，主要得益于数字经济的迅猛发展。未来，企业财务应当顺势而为，紧紧抓住数字化转型的机遇，充分融合利用各种新兴技术与手段，锐意创新，实现数字化转型与升级。

第三部分　技术赋能

第 7 章
财务 AI：智能时代的财务场景变革

01　传统会计电算化的特点和不足

近年来，以人工智能技术为代表的新一代信息技术飞速发展，为各行各业带来了空前的发展机遇。人工智能技术是计算机技术的一个重要分支，拥有机器学习、机器人技术、自然语言处理、生物识别技术、计算机视觉五项关键技术，这些技术的发展使其在模拟与代替人工方面取得了突破性进展，并且有望摆脱人为限制，实现完全自动推理。这对各行各业的发展来说是一个巨大的福音。

现阶段，财务领域对信息技术的应用大多停留在初级阶段，仅仅是将财务数据与财务档案等基本要素电子化，形成电子数据库和电子档案，且财务数据的录入、电子档案的创建等工作也需要人工来完成，没有从根源上实现财务变革。AI 技术应用于财务领域，将推动财务工作实现颠覆性变革。

传统会计电算化只是借助计算机完成部分简单的、重复性强的财务工作，不能根据数据进行自主推理，也不能自主解决问题，即不具备智能特性，其缺陷主要表现在以下几个方面。

流程烦琐

财务工作包含很多琐碎的业务，每种业务的操作流程又比较复杂，导致整个财务工作的流程比较烦琐。例如，财务报账业务系统不统一，每项业务都要登录一个单独的系统进行处理；报销票据非常多，票据收集和粘贴工作量巨大；报销单涉及很多需要人工填写的内容，且报销的项目范围不容易准确界定，容易出现差错；报销签批流程比较复杂，涉及的签批人数比较多，签批效率比较低；财务预约单需要人工审核，出现退单情况时需要重新联系相关人员来取单。

系统模块各自独立

传统会计电算化具备功能齐全的财务信息系统，但系统各模块相互独立，没有实现互联互通，它们分别处理各自负责的不同业务。不同模块在进行数据或流程对接时，只能通过线下人工的方式进行。此外，不同部门的业务也只能在各自的系统中进行处理。

数据来源有限

传统电算化财务系统的创建是以“会计语言”为指引的，这使得系统只能反映企业的部分经营活动，具有一定的片面性。相应的财务数据也具有一定的局限性，其准确性与可靠性均比较差，不利于财务决策。

02　当前财务领域的 AI 技术应用

AI 技术赋能财务领域，能够提升各项业务的智能化、自动化水平，提升财务工作效率，推动财务智能化转型。下面我们对财务领域应用的 AI 关键技术进行详细分析。

图像处理技术的应用

（1）平台登录，授权管理。

录入财务人员的指纹或脸部信息，并将其作为平台登录的密钥，以代替数字密码，这样既能有效避免忘记密码的问题，又能保证财务人员本人登录平台，对数据安全起到良好的保护作用。

（2）发票处理。

图像识别功能可以对发票信息进行智能识别、自动审核、自动提取，如发票代码、发票号码、发票购买单位、开票单位、开票日期、纳税人识别号、发票专用章等。上述功能既可以保证发票信息的准确性，又可以与税务部门联动对相应信息进行自动验证，同时还可以对相应数据进行存储，为电子档案提供数据支持。此外，还能实现发票的自动化、智能化管理。

（3）半自动化流程改造。

在处理预申报的会计业务时，通过对提交的材料进行扫描，能够智能识别材料中需要的信息，并自动将其与预申报的数据进行比对，从而确定两者的信息是否一致、材料是否全面。如果存在信息不一致或材料缺失问题，系统也能自动在图片上进行标注，并自动返还给相关部门，令其进行修改或补充，这样不仅可以提高预申报业务的处理质量与效率，而且能在进行材料信息扫描时扩充电子会计档案的数据，将财务人员从这些工作中解脱出来，使其有精力处理更多需要沟通和协调的工作。

（4）电子档案的生成。

通过对各业务流程中的数据进行识别与提取，自动生成标准、规范的电子财务档案，减少财务人员在制作电子档案方面投入的时间与精力，从而节省财务人员的时间成本和公司的人力成本，保证数据的准确性与规范化，为财务查询、审计等工作提供数据支持。

数据挖掘与机器学习技术的应用

数据挖掘与机器学习技术在财务管理领域的应用可以细分为3个方向，如表7-1所示。

表7-1 数据挖掘与机器学习技术在财务管理领域的应用

技术	具体应用
大数据与数据挖掘技术用于数据分析	企业可以利用大数据、数据挖掘技术对海量财务数据进行收集、整合和筛选，将有价值的信息提取出来并进行分析，从而获得有用的结论
专家库系统用于问题预警	企业可以对财务数据和财务行为进行分析，结合专家库系统，判断可能出现的问题并及时预警，避免财务损失
机器学习模型用于为用户提供有效的帮助信息	企业在分析用户财务行为时，可以利用机器学习技术不断地积累知识与经验，提升业务流程关键节点的识别与定位能力，从而为用户提供良好的服务体验。机器学习模型结合财务人员处理用户财务行为的结果，可以提升财务人员对类似财务数据的预处理能力，帮助财务人员进行预判，提升财务数据处理的效率和准确率

AI技术的其他应用

（1）语音处理技术代替文字录入。

语音处理技术能够支持语音的录入、播放和识别，具备附加语音功能和语音备注功能。将语音处理技术应用于财务预处理系统，可以节省文字录入时间，方便财务人员使用。同时在问题单据处理方面，附加语音功能可以对问题进行直白描述，有利于财务人员快速了解和定位问题，从而提升财务预处理的效率。此外，语音备注功能可以用于电子档案备注。

（2）数字签名与数字摘要技术对数据安全的保证。

数字签名可以实现信息的不可否认性，即用户不能否认自己的相关信息行为，从而保证信息的安全性与权威性。数字摘要的原理是“将原文和加密的摘要同时传给对方”，保证数据的完整性。

03　AI 技术赋能，展望智能财务

近年来，AI 技术在财务领域持续渗透，财务工作的智能化程度逐渐提升，但实际上，这种智能化仅仅是基于传统电算化信息系统进行的智能模块的叠加，也就是赋予财务各节点自动处理信息的能力，但并没有实现系统各模块间的有机融合与协同互联。此外，智能财务报表也尚未进入成熟应用阶段。因此，现阶段财务领域的智能化程度还远没有达到预期水准。不过，随着 AI 技术对财务领域的持续赋能，财务智能化将取得突破性进展。

智能财务平台，实现一站式服务

利用 AI 技术创建智能财务一体化平台，实现财务报销的一站式服务。智能财务一体化平台能够将集中采购、资产管理、合同管理等业务聚集到统一的处理界面，能够支持业务申请的随时提交与审核。图像处理技术和数据挖掘技术能够为系统提供所需的票据信息，前者支持票据的即时拍摄、上传和识别，后者能够在采购、差旅等平台挖掘信息，并将信息自动、准确地填写在相应位置，实现智能填报。

此外，智能财务平台还支持预约单的智能审核，将预约单上传到系统的相应程序之后，系统会自动识别、审核、标注，使业务效率和准确率大幅提升，对专业财务人员的依赖程度显著降低，为智

能财务的实现奠定良好的基础。

基于AI技术的智能财务一体化平台能够将重复性强的业务进行流程化、标准化处理，能够实现财务工作的智能化、自动化升级。此外，AI技术还能结合物联网、大数据等技术，实现智能财务部门与其他业务平台的协同互联，实现数据共享，为财务工作提供海量准确可靠的数据，从而提升财务工作的效率，大幅降低财务风险。

智能报表平台，实现跨系统协同

AI技术与大数据、数据挖掘等技术相结合，可以不断完善智能财务报表平台的功能。在AI、物联网等技术的推动下，智能报表平台各系统将实现融合互联，从而实现不同财务核算系统乃至不同公司财务报表的合并。平台能够借助数据挖掘技术，在总账、报表中对需要的财务数据进行智能捕捉，创建可以共享的财务数据库，对数据进行自动化、智能化处理。此外，对于不同准则、不同口径、不同层级、多币种折算的数据报表，平台也可以进行合并，从而解决复杂股权架构或多层级集团架构存在的难题，实现跨系统协同。

随着AI技术的持续进步，未来智能财务报表平台的功能将变得更加强大，有望在不同业务系统之间实现数据跨系统收集，这样不仅可以极大地丰富财务数据库，而且能够最大限度上保证数据的准确性，通过对相关信息的自动处理与智能分析，实现财务决策与管理的智能化。

助力管理会计的迅速发展

随着AI技术在财务领域的深入应用，财务信息系统各模块之间、财务系统与其他业务部门之间将实现融合。AI技术与数据挖掘技术相结合，将打破信息孤岛，促使所有与财务相关的数据实现进一步融合，完善财务信息库，并通过信息共享提高财务工作的开展效率。智能财务报表平台能够实时连接后台与业务系统，实现工作结果的即时反馈。

AI 技术在财务领域的应用可以推动智能财务快速发展，让财务人员获得发挥自身潜在价值的机会。一方面，财务人员可以借助不断进步的 AI 技术为自己“镀金”，提升自己的数字化技能；另一方面，财务信息系统、财务报表平台智能化程度的持续提升，可以使更多重复、烦琐的工作实现智能化、自动化、流程化处理，让财务人员可以聚焦决策分析、风险管控、绩效管理等更多高价值的工作，推动财务工作重心从财务基础核算向财务管理与服务过渡，促使管理会计得到快速发展，从而推动企业实现智能化、持续化发展。

04　智能时代的财务管理创新

在新一代信息技术快速发展的智能化时代，财务领域应当主动把握机遇，积极应对挑战，做出一系列改变，为全面智能化转型奠定良好的基础。

会计教育模式转变

目前，会计教育仍以会计基础知识和传统电算化会计核算为主，无法培养出符合智能财务要求的人才，亟须进行教育模式的变革。在智能化时代，会计教育应当转变教育方向，注重会计、金融与计算机专业的融合，聚焦于培养具备数字化技能和综合决策分析能力的会计人才，这些人才将成为驱动智能财务发展乃至驱动企业数字化转型的重要引擎。未来，会计教育模式将转变为“会计+人工智能”的模式。

AI 技术在财务领域的应用将推动管理会计迅猛发展，财务智能化转型进程也将不断加快，所有财务人员应当主动学习新技能，掌握智能化财务系统的工作理念与内在逻辑，不断提升自身价值。同时，财务人员要明确未来财务领域的发展方向和工作重心，通过持续的学习和积累，提升自身数据分析、决策分析、趋势预测、统筹规划等方面的能力，持续为企业创造价值。

探索 AI 财务管理创新模式

在人工智能时代，企业的财务管理应该引入新思维、新理念，创新财务管理思维，制订智能型财务管理计划，有效应对人工智能环境下财务管理领域出现的各类问题，推动财务管理朝“五位一体”的方向快速发展，对成长性指标、盈利能力指标、盈利质量指标、有息负债指标及运营能力指标进行综合考虑。

在基于 AI 的财务管理创新模式下，企业可以通过智能财务技术对系统资源进行优化配置，参照实际情况创建财务管理的信息化平台，改进财务核算流程，改变财务报告生成模式，创新财务管理工作，从多个维度助推财务管理实现既定目标，打造全新的市场竞争优势。

建设 AI 财务管理创新平台

在人工智能环境下，企业可以借助人工智能技术打造一个智能化的财务管理信息平台。为了保证该平台能够顺利建成，企业可以先进行试点，再对平台进行推广，慢慢丰富平台业务，提高平台的专业性以及运行效率，利用数据爬虫、专家系统、OCR 等技术赋予平台财务估测、财务决策以及财务解析等功能，对各类财务信息进行智能甄别、过滤与处理，为企业提供更加精准的服务，满足企业的个性化发展需求。

综上所述，在人工智能环境下，现代信息技术的应用颠覆了传统的财务工作流程，打破了企业内外部发展壁垒，颠覆了传统的财务管理理论，促使财务管理实践发生了巨大转变。从而有利于企业提高各方面的实力，建立健全智能财务管理实践系统，提高个性化管理水平，获取更多利润。

第8章
人机协同：RPA技术赋能财务自动化

01 RPA技术：从1.0到4.0的进化

随着人工智能技术的不断发展，RPA的技术形态也不断进化。从自动化的实现程度来看，RPA的进化过程大致可以划分为4个阶段。

RPA 1.0阶段：辅助性RPA

在RPA 1.0阶段，RPA一般配置于员工的电脑端，主要用于提高工作效率。在这个阶段，RPA的角色类似于“虚拟助手”，能够执行桌面自动化软件的操作，其局限性主要体现为两点：其一，只能实现部分自动操作；其二，难以扩展。

RPA 2.0阶段：非辅助性RPA

在RPA 2.0阶段，RPA一般配置于服务器上，主要目标在于实现端到端的自动化以及对“虚拟员工”进行分级。在这个阶段，RPA的角色类似于“虚拟劳动力”，能够对部分工作内容进行编排、对参与工作的机器人进行集中管理和性能分析。与人工相比，非辅助性 RPA 能够高效率不间断地工作，在提质增效的同时降低企业的人工成本，其局限性主要体现为两点：其一，机器人仍然需要进行手动控制和管理；其二，在屏幕管理和系统更改方面受到一定限制。

RPA 3.0 阶段：自主性 RPA

在 RPA 3.0 阶段，RPA 可以配置于企业的云服务器和 SaaS 上，主要目标在于实现端到端的自动化和“虚拟车间”的灵活扩展。在这个阶段，RPA 已经具有可以自动调节、维持动态负载均衡、进行上下文感知以及完成高级分析和工作流等特点，其局限性主要体现在对非结构化数据的处理方面。可以说，在这个阶段，自主性 RPA 可以有效提升企业业务的价值。

RPA 4.0 阶段：认知性 RPA

RPA 4.0 阶段是 RPA 未来的发展方向。基于对自然语言处理、机器学习等人工智能技术的综合应用，RPA 将由自主性升级为认知性，可以实现涉及判断的任务的自动化、动态负载平衡、预测和规定分析以及非结构化数据的处理等方面。在这一阶段，机器人可以完全参与决策，并自动处理更加复杂的任务。

从以上 RPA 的进化历程看，随着人工智能技术的发展以及与办公领域的融合，RPA 的自动化、智能化程度将不断提升。在 RPA 1.0 阶段和 RPA 2.0 阶段，RPA 的角色为非战略性的辅助 IT 工具，能够在一定程度上降低企业在人工方面的投入。进入 RPA 3.0 阶段乃至 RPA 4.0 阶段后，RPA 的自动化库得到更多预构建和拓展，解决方案愈加垂直化，并能够实现多租户。可以说，自主性和认知性的 RPA 已经将企业领导能力的提升、组织变革的深化以及人才成长等内容进行有效融合。在企业不同的业务场景中，RPA 能够自动决策，为用户提供量身定制的解决方案，给企业带来巨大的价值。

实际上，RPA 的应用意义不仅体现在对企业业务价值的提升上，还能够推动企业整体运营机制的变革。这也正如行业研究机构 HFS Research 曾经分析和预测的，人工智能技术的发展及其在 RPA 中的应用将全面推动企业实现业务运营的优化、革新和转型。

全球知名的 IT 研究与顾问咨询公司 Gartner 曾发布“2020 年十大战略技术发展趋势”，其中一个重要的趋势就是超自动化。所谓超自动化，指的是在企业运营中能够起到重要辅助作用的囊括自动化工具、套装软件以及机器学习等的集合体。由于超自动化的关键点在于对自动化的步骤进行组合与协调，对彼此之间的关联及作用范围进行分析，因此其不仅包括多种工具组合，还包括自动化所涉及的监控、评估、测量、设计以及分析等。

超自动化始于机器人流程自动化，不过机器人流程自动化并不算真正意义上的超自动化。目前，超自动化在一些知名机构中已经发挥出不容小觑的价值。例如，全球最大的管理咨询公司和技术服务供应商埃森哲为了更好地帮助企业在业务创新、提升客户体验以及实现数字化运营等方面实现由平台驱动的规模化转型，打造了集安全技术、机器学习、人工智能、物联网、云技术等技术于一体的智能平台。再如，美国企业级 RPA 软件巨头 UiPath 打造的超自动化平台，借助人工智能技术实现了高级别的自动化，其不仅可以分析自动化对于不同企业业务的影响，而且可以基于企业自身条件优化其业务流程。

02 机器自动化与财务管理变革

RPA 的设计逻辑使其特别适用于流程标准且具有重复性的工作。

而企业的财务管理工作不仅规则性强，而且其业务流程往往包含大量重复性工作，这也就使 RPA 技术的应用条件与财务领域的业务特点高度匹配。不仅如此，由于 RPA 在可用性、可靠性、安全性和可追溯性等方面均具有明显优势，因此 RPA 有望推动企业财务领域的数字化转型和变革。

可用性：RPA 财务应用中的入场券

当企业的业务流程中包含大量重复但规则明确的工作时，就可以借助 RPA 技术代替人工操作。RPA 技术可以通过脚本语言或用户界面与运行系统实现交互，并在运行流程中模拟软件、鼠标或键盘的操作，在既定规则的指导下自动执行相关任务。基于此技术特点，RPA 应用于财务领域就能够辅助甚至代替财务人员处理价值相对较低但重复性较高的业务，减轻财务人员的工作负担，提升财务工作的效率。例如，财务领域的税务申报、差旅报销、对账、成本分摊、应付账款等业务流程均可以应用 RPA 技术。

而且，与企业过去采用的软件开发方式不同，RPA 开发不仅成本更低、开发周期更短，而且所需的操作更加简单、带来的回报率更高。

可靠性：RPA 财务应用中的加速器

企业的财务工作往往包括大量重复性的操作，如对账、申报、报销等。在传统的财务模式中，这些高强度的操作几乎完全依靠人力完成，不仅需要企业付出较高的成本，而且会出现一定的失误。而 RPA 应用于财务领域的业务流程则具有更高的可靠性，具体表现在 3 个方面，如表 8-1 所示。

表 8-1 RPA 对财务业务流程可靠性的提升

可靠性	具体内容
能够避免操作失误	RPA 的运作基于任务的设定以及流程的规则展开，能够有效避免操作失误，保障财务工作的质量
能够消除数据误差	RPA 的运作借助机器学习、自然语言处理等先进技术，能够准确读取输入的数据，避免因为数据输入错误造成误差
可以不间断地工作	RPA 配置到相应的位置后，能够以稳定的工作效率不间断地进行工作，提高财务工作的开展效率，降低企业在财务领域的成本支出

此外，由于 RPA 应用于财务领域的可靠性高，所以企业的财务人员可以集中处理更具有价值的工作，带动财务部门的工作价值不断提升。

安全性：RPA 财务应用中的保护伞

在财务工作开展过程中，财务人员会频繁接触员工信息、账号密码、客户资料以及资金数据等需要高度保密的内容。在传统的财务模式中，即使机构会在制度设定、人员招聘、员工培训等方面层层加码，但仍然无法完全杜绝财务信息泄露风险。一旦敏感信息被修改、销毁、窃取等，机构必然要承担较大的经济风险。而 RPA 技术在财务领域的应用，能够从根本上减少人员与敏感信息的接触，并借助数字化技术有效防范数据丢失或泄露。

就 RPA 技术提升财务管理的安全性的作用机制来看：一方面，RPA 自带的安全机制和解决方案能够有效防止信息被窃取；另一方面，RPA 可以保存系统内信息的访问控制、数据加密、审核日志以及代码维护等记录，进一步保障财务业务流程的安全。而且，随着区块链等技术的不断发展以及相关应用的不断推广，RPA 的安全性也将得到进一步提升。

可追溯性：RPA 财务应用中的护卫队

当 RPA 技术应用于企业财务领域时，企业可以通过相应的管理平台对财务机器人进行管理，例如，查看财务的运行状况、业务流程的进展或者对财务机器人进行相关的部署与调动，以确保 RPA 技术能够在财务领域发挥应有的价值，这一切都使得 RPA 在财务领域的所有操作具有可追溯性。

此外，由于 RPA 技术自带运行监控、日志追踪以及录屏等功能，便于企业对财务机器人所执行的业务活动进行审计或监管等。一旦 RPA 的操作出现失误，相应的管理人员就能够通过监控、日志或录屏等找出其中的出错点，及时发现财务机器人运行过程中可能存在的问题并进行优化和修正，以便发挥 RPA 技术在财务应用中的护卫价值。

03　基于 RPA 技术的财务工作方式

随着新一代信息技术的不断发展，各行各业都在经历数字化变革，人类社会的发展进程迅速加快，人们的工作方式和生活方式均发生了深刻变化。机器人与人类协同推进经济进步逐渐成为数字化时代的常态，特别是近几年智能制造、智慧医疗、智慧教育、智慧物流等的发展，为其他领域的智能化转型提供了成功经验。在此形势下，财务领域也开始注重人工智能等技术的应用，伴随着 RPA 在财税领域的成功应用，智能财务迎来了难得一遇的发展机遇。

未来，财务领域将向着智能财务与人机协同共生的方向发展，财务管理模式将发生颠覆性变革，CFO 的管理角色将发生重大转变，其财务职能将聚焦于业务发展战略、融资策略、外部沟通、数字决策、战略目标协同等方面，与财务机器人协同作战，共同推动智能财务发展。

财务机器人是基于人工智能技术的财务工具，能够代替人工完成重复性强、复杂度高、创意性差的工作，使得财务人员有充足的时间和精力去从事数据分析、决策支持、沟通交流等高附加值的工作。RPA 的出现不仅可以发挥出财务人员的潜能，降低人力资源成本，提升财务工作效率和准确率，更能实现财务管理方式的优化与创新，提升财务管理的自动化、智能化水平，为实现智能财务奠定良好的基础，具体表现在 3 个方面，如表 8-2 所示。

表 8-2　RPA 助力智能财务的 3 个方面

作用	具体内容
优化财务任务处理	RPA 能够显著提升财务基础性工作的精准度，保证数据质量，保证财务决策的可靠性和科学性；RPA 还能实现 24 小时全时段工作，提升财务工作效率
智能化财务管理	现阶段的 RPA 产品体系已经成熟，不仅能自动补充优化现有的财务系统，而且能够快速、高效地开发更多财务场景，全面优化财务管理的系统和流程，实现智能化的财务管理
释放人力创造力	RPA 能够自动完成大量复杂的基础性工作，将财务人员从低价值的基础性财务工作中解放出来，使其能够完成更多高附加值的工作，充分释放人力创造力，为企业创造更多价值

04　重新定义财务组织和管理

随着新一代信息技术与财务领域持续融合，财务数据的处理将更加即时和高效，财务模型的解释能力也将得到显著提升，财务数据的价值将得到进一步开发，智能财务也将持续向着人机协同共生的方向发展。广义的人机共生涵盖的范围比较广，包括人与人协同、人与机器协同、数据与业务协同、机器与机器协同等。

尽管人机协同“共生”能够带领企业实现更好的发展，但也会带给企业一系列挑战。为了应对这些挑战，企业必须调整财务部门的组织结构与管理模式，整合财务部门的人力资源和虚拟资源，创建人机协同的生态体系，探索“人工+机器”的工作方式，以适应智能财务的发展。但这并不妨碍企业对智能机器人的青睐，据估计，到 2023 年将有超过一半的企业引入财务机器人。

对于 RPA，大多数人力资源专家将其视为一种新的运营模式，认为 RPA 能够代替财务人员开展纯交易活动，当然这也意味着财务人员的责任、职能等将会发生改变。因此，RPA 在财务领域的大规模应用应当是在适应现有组织结构的基础上，根据企业的实际情况创建新的组织结构，这样才能为人机协同的推进以及智能财务的发展提供良好的环境。

利用数字化技术对财务组织关系进行重构，能够很好地满足智能财务发展的需求。具体来看，财务组织关系重构包含以下 3 个方面。

财务与业务关系重构

借助数字化技术推动业务与财务融合，创建数字化的财务平台，依据业务结构和业务需求重新定义财务服务能力，创新财务人员结构，促进财务数据与业务数据的融合与统一。通过对融合数据的分析，提升财务人员风险的预测能力以及财务人员决策的科学程度，提升财务工作与企业总体战略的契合度。通过重构财务与业务的关系，实现业财融合，使财务组织能够更加敏捷地支持企业的业务经营与战略决策，最终加快智能财务的发展。

组织与员工关系重构

利用数字化技术创建开放性平台，使财务人员能够依托平台进行场景化办公，对所有工作流程进行备份，实现能力标签化、价值可量化，提升财务人员的工作积极性。同时，平台能够为财务人员提供更多工作与学习机会，不断提升财务人员的工作能力，进一步发挥财务人员的主观能动性，通过自组织推动智能财务发展。

人类与机器关系重构

RPA 应用于财务管理，可以促进财务管理模式和管理体系变革，推动财务职能分化。其中，RPA 负责开展日常交易活动，财务人员负责开展运营管理、决策分析、价值创造等活动，提升财务工作的效率，以人机协同的方式促进财务工作的高效运营，推动智能财务发展，促进企业实现持续发展。

第 9 章
财务大数据：数据智能重塑财务价值

01 大数据时代的财务管理变革

随着大数据技术的快速发展，人类社会进入了大数据时代。大数据具有信息量大、多样化、高速流动、高度共享的特征，为涉及大量复杂数据的财务管理工作带来了一个前所未有的发展机遇。

大数据时代财务管理的机遇

（1）有助于提高财务决策科学化。

在大数据时代，财务工作过程中产生的数据呈现出爆炸式增长趋势，这为财务决策分析提供了海量数据基础。利用大数据、云计算等技术对海量复杂的财务数据进行实时收集、整合、处理、分析，能够充分发挥数据的价值，实现实证预算决策，有效弥补过去财务人员依靠直觉与经验决策的缺陷，提升财务决策的合理性、准确性和及时性。

大数据应用于财务管理决策也是同样的道理。在财务管理过程中，尤其是在制定财务规章制度时，企业要积极运用大数据技术对海量数据进行精准、深入的分析，挖掘数据间的内在联系和逻辑规律，这样决策者可以直接根据数据处理结果制定科学的财务管理决策。

（2）有助于挖掘财务信息价值。

随着大数据时代的到来，各行业在发展过程中产生了越来越多的数据，财务人员可以借助大数据技术，扩大数据收集的广度和深度，集成并整合社会各界孤立的财务数据，形成有序的、有价值的财务数据资源，并运用大数据、云计算等技术深入挖掘其内在价值。

（3）有助于提高财务管理效率。

大数据时代的财务管理迎来了海量的财务数据，使得会计核算、费用报销、资金管理等基础性财务工作的复杂程度迅速提高。而企业可以将大数据、人工智能等技术应用到这些工作中，实现财务基础工作的自动化、智能化处理，这样不仅可以提高财务基础工作的处理效率和准确率，而且可以使财务人员集中精力处理财务管理、财务监督、决策分析等创造性比较强的工作，优化人力资源配置，实现更高效的财务管理。

大数据时代财务管理面临的挑战

虽然大数据的应用为财务管理带来了很多便利，但现阶段企业财务管理的智能化水平参差不齐，且财务数据涉及的领域非常广泛，再加上网络安全隐患等问题，使得财务管理工作面临着一系列挑战。

（1）财务人员管理压力增大。

在传统的财务管理方式中，财务数据规模比较小、种类有限、精度不高，且大多是企业内部的财务信息。而在大数据时代，财务管理工作涉及的数据不再局限于企业内部，还包括来自各行业以及各个企业的数据，这使得财务数据的规模庞大、种类繁多、复杂度极高。在这种情况下，无论在工作量还是在工作能力上，财务人员都将面临巨大的压力。

（2）财务数据准确度甄别难度增大。

在大数据时代，财务管理决策的制定离不开数据的支持，财务决策的准确性、科学性与财务数据的准确性息息相关。大数据时代的到来使得财务数据规模猛增，同时数据也在时刻发生变化。数据在使用前通常会经历数据甄别、筛选、处理等过程，但规模庞大、变化频繁的数据使得数据甄别的难度大幅提升，也使得财务数据的准确度难以保证，最终会导致企业很难依据财务数据制定科学的财务决策。

（3）财务信息安全隐患增大。

大数据时代不仅使数据的规模大幅增加，而且大幅拓宽了数据来源，在很大程度上提高了财务工作流程的复杂程度。而流程越复杂、环节越多，信息泄露的风险就越大。由于财务信息的特殊性，财务数据一旦泄露后果将不堪设想。

02　企业对智能财务数据的需求

智能财务是财务行业顺应数字化、智能化转型所做出的改革与创新，它实现了现代科技与财务管理的深度融合，是财务行业未来的发展趋势。在实现智能化之前，财务行业还经历了会计电算化、财务信息化两大发展阶段。为了实现智能财务，企业管理者以及财务工作人员要转变观念，积极吸取新思想、新模式，全面推进智能化建设。

智能财务建设离不开数据的支持，随着企业内外部环境快速改变，市场竞争愈演愈烈，资源转化规模不断拓展，企业对数据提出了更高的要求。财务人员不仅需要为管理者提供决策所需的各类数据与报表，还要提交统计、税务、工商、行业协会等管理机构要求的各类表单。目前，企业对数据的需求要满足以下4个方面。

信息共享需求

为了整合数据，提高工作效率，降低用人成本，企业引入了ERP系统或自动化办公（Office Automation，OA）系统。但在具体实践中，企业按照传统模式对ERP系统进行了切割，导致数据录入与使用在同一个部门发生，没有达到数据整合的目标。

ERP系统在整合企业数据的过程中应该将各部门业务连接在一起，但在实际应用过程中，ERP系统并未发挥这一作用。究其原因主要是企业的财务管理部门采用的是传统的架构与职能，无法与信息系统相融合，导致最终的应用效果不佳。企业的财务管理要想摆脱单纯的核算功能，向管理、决策等功能转变，就必须积极引入先进的财务管理工具、管理理念，对组织架构进行全方位改造。

即时可视化需求

在企业中，有些部门使用财务数据作为核心考核指标，有些部门使用非财务数据作为核心考核指标，例如，经营部门使用每月新增的合同金额、客户数量作为考核指标；财务部门使用收付款情况作为考核指标；工程部门使用项目检查情况、整改情况、处罚情况作为考核指标，等等。智能财务的基本任务就是对这些数据进行整合，将其以可视化的方式实时展现出来。为了让员工更直观地看到自己的工作对核心考核指标所产生的影响，财务部门可以在收集、统计数据的基础上加入年度考核指标，将其以饼状图或者柱状图的形式展现出来，从而对员工形成一定的激励作用。

决策支持需求

管理者要想制定科学决策，不仅要拥有丰富的经验，而且要以充足的数据为依托。智能财务就是利用大数据技术对数据进行整合与重构，从各个维度对问题进行阐述的。例如，企业在选择供应商时发现某家供应商所有的财务数据都表现得非常正常，但涉及一项诉讼，在这种情况下，非财务数据就会对决策模型的构建起到决定性作用。因此，智能财务既要对常规决策建模，以提高决策效率，又要考虑可能给决策产生重大影响的非财务数据，引导管理者对这些非常规数据给予关注。

数据挖掘需求

数据挖掘指的是对核心指标进行层层分解，将管理者需要的各种信息在各个层次中呈现出来。在财务管理领域，数据挖掘始终是一大难题。因为不同的管理者面对同一个问题需要使用不同的数据进行解决，这极大地增加了数据整合、处理、应用的任务量。而智能财务可以借助商业智能工具对数据进行重构，满足管理者对数据的个性化需求，为数据挖掘提供强有力的支持。

03　数据挖掘：构建数据矩阵体系

近年来，随着大数据、云计算、人工智能等新一代数字技术的飞速发展，数据已经渗透进各行各业，成为推动企业发展的核心资产。在此形势下，企业需要具备从海量数据信息中发现有价值的信息的能力，并以自身业务为基础建立数据分析体系，培养精通数据、业务和技术的复合型财务人员。

此外，为了增强自身的市场竞争力，企业需要在精细化的财务管理模式下有序开展业财融合。随着企业对高质量发展的需求日益提升，对数据的要求越来越高，企业需要积极探索可以有效整合和分析数据、提高业务洞察力的技术，为科学决策提供数据支撑。

在大数据时代，企业主要围绕三大场景数据从海量数据中获取有价值的信息，这三大场景数据分别是企业增长、盈利、效率、风险控制等能够最大限度地放大企业价值的企业财务管理目标，服务收入占总收入的比重等战略转型关键指标，以及在销售、采购、定价等环节的决策和供应商选择等对特定经营场景的决策分析。

由此可见，数据分析体系在企业管理中发挥着至关重要的作用。经过长时间的信息化建设，企业已经积累了大量数据，并认识到从数据中挖掘价值的重要性。进入数字化时代后，企业将在业务数字化的环境中再度积累大量数据，因此，需要构建一套能够全方位、多维度分析数据信息的数据分析体系来充分挖掘数据价值。

对企业来说，数据分析结果是进行战略决策的重要依据，有效的数据分析体系能够为企业进行长期战略规划提供数据支撑，有助于企业实现长远发展。因此，企业要充分利用各种数字技术为财务部门获取数据赋能，提高数据获取的及时性、多维度和精细度。

传统财务会计更侧重于记账，与企业的其他管理制度之间缺乏联系。管理会计系统的数据源往往局限于财务口径，会计核算的维度比较少，时效性和准确性比较低，数据的“颗粒度”过大，难以应用到管理中。

而现代财务会计可以利用基于大数据、云计算、人工智能等新技术的新型智能核算系统围绕具体的事项来处理数据信息。该系统能够与业务系统和多种社会化数据源对接，为业务提供多维度的精细核算信息，以便从数据上为财务管理提供支撑。

在企业需求方面，由于财务数据背后有一定的业务逻辑，因此财务数据也有很强的业务属性。企业在财务数据管理方面不仅要重视技术，也要打通业务和财务之间的数据、管理系统和规则。具体来说，当企业难以根据应收账款余额进行分析和监控时，可以通过应收账款管理系统，根据金额、项目状态、项目类别等具体情况分别呈现应收账款，并进行全方位的财务分析。

04　数据可视化：让数据“说话”

数据矩阵和数据标准化是企业推进数据可视化的基础。在具体实施过程中，一方面，企业要搭建包括各个层级的数据体系，充分打通各个层级之间的数据通道；另一方面，企业要整合财务指标和一些与财务工作相关联的业务指标。与此同时，企业还要利用数字技术在业财一体化的数据体系的基础上进一步整合数据，推进数据可视化，降低人与数据连接的门槛，实现数据找人。具体来说，企业既可以利用数据中台采集和管理企业异构系统中的数据，也可以借助智能分析中的钻取功能灵活分析数据，提高数据分析的实时性和可视化程度。

企业进行精准的资金预测并制订全面的资金计划有助于科学合理地配置金融资源，充分利用资金，强化自身对业务活动和资金预算的动态管控能力，从多个时间维度为企业运维提供支撑。

企业可以通过数据分析预测行业未来的发展趋势，进而以此为依据制定合适的发展战略。在经营管理方面，企业需要对自身的发展战略和发展目标做出长远规划，预先做好年度计划和预算，分析、跟踪自身经营数据以及行业环境、行业发展等关联数据，并对各项数据进行统一分析，从而实现高效的经营决策。

进入数字化时代之后，企业需要推进智能财务建设，提高数据精准度，最大限度发挥数据的价值，因此企业财务人员需要不断提升自身的能力，不仅要充分掌握财务知识，而且要熟练掌握与业务相关的一系列知识与技能，具备与业务人员交流各个业务场景中模型搭建、模型分析、工具、技术等方面知识的能力，通过不断学习向复合型财务人才发展。

随着智能财务进程的持续推进，企业对跨界融合财务管理人员的需求将越来越高。企业财务人员要具备从集团战略层面进行端对端数据梳理以及数据分析等深度运用数据的能力。

在数智化时代，企业财务人员可以借助信息技术和信息化工具自动完成事务性工作，这不仅能够提高工作效率，也能解放人力资源，让财务人员投身到更具价值的工作中去，从而提升财务人员的工作能力和成就感，进一步挖掘出数据的潜在价值。

05 大数据时代财务管理的转型路径

在大数据时代，企业应当抓住机遇，应对挑战，充分享用大数据时代带来的红利，进行内部改革，用数字化技术武装自己，提升自身的竞争实力。那么在大数据时代，企业可以通过哪些方式推进财务管理转型呢?

推进流程的变革和财务人员的转型

在大数据时代，财务数据转化成财务决策，需要经历数据采集、整合、加工、处理、存储、分析等多个流程。将大数据技术与人工智能、云计算等技术相结合，不断优化或重塑相关流程，打通端到端各个环节，实现数据流、业务流、资金流的有机统一，从而实现高效的财务管理。

此外，随着大数据、人工智能等技术在财务领域的进一步应用，综合型财务人才将越来越受到青睐，将使许多基础性工作岗位上的财务人员受到一定的冲击。因此，在大数据时代，推进财务人员转型也至关重要。一方面，企业要积极开展数字化培训，培养财务人员的大数据分析与处理能力，促进财务人员的职能向更高级的方向转变；另一方面，财务人员要主动学习和实践，培养主动规划财务数据的能力，并将财务数据视为企业资产进行管理，挖掘数据价值，制定财务策略，推动企业的数字化转型。

利用大数据技术发挥财务数据预算价值

企业可以利用大数据、云计算等技术，创建财务预算管理信息平台，借助数字化技术在平台内进行智能化、信息化的财务预算管理，从而实现对财务预算执行情况的实时监管。在具体应用中，财务人员可以结合大数据技术从横、纵两个方向对财务预算执行情况进行对比分析，对执行过程中出现的偏差进行纠正，同时根据企业的实际情况对财务预算进行调整，最大限度释放数据的预算价值，保证财务预算管理的效果。

构建大数据平台和制度，实现业务模块互联互通

在大数据时代，财务数据包含的内容越来越广泛，使用频率也越来越高，因此保障财务数据的安全尤为重要。一方面，企业要综合考虑自身发展现状与财务管理的实际需求，借助大数据技术创建内部大数据平台，并将财务管理、资产管理、认识管理、合同管理等项目纳入进来，实现各业务模块的互联互通。这样既可以实现各领域数据的融合与共享，提升管理效率，又可以保证数据的安全性

与可靠性。另一方面，企业需要针对统一的大数据平台创建平台管理制度，并结合企业内部业务变化、外部市场环境变化以及国家政策进行优化升级，从制度层面保证所有财务信息的安全。

第10章 财务云：基于云计算的财务信息化

01 “云会计”：驱动财务管理信息化

信息时代的到来为各行各业赋予了新的生机和活力，加快了我国企业信息化发展的步伐。在信息时代，各种信息技术发展迅速，各行各业的行业环境不断变化，企业要想实现可持续发展，就必须紧跟时代发展的脚步，勇于改革，通过技术革新等方式实现创新突破，从而支撑企业长远发展。

云计算是一种以互联网为中心，通过网络向用户提供数据计算和数据存储等服务的网络技术。它能够整合大量计算资源并利用软件进行自动化管理，也能通过互联网连接服务器和电脑进行远程数据传输，让用户只需要借助网络就可以获取大量资源。

云计算不仅能够服务于本地的计算机和远程的服务器，而且能根据实际情况在任意一台有运算需求的计算机上快速完成数据运算，优化运行效果，提升运行效率。“云会计”就是基于云计算完成会计工作的软件。与传统会计软件相比，“云会计”不需要提前在电脑或局域网上安装，只需要通过网络就可以实时连接、在线使用，使用起来更加便捷。具体来看，“云会计”有以下四大优势。

降低企业财务会计信息化运作成本

“云会计”不仅可以帮助企业降低成本支出，包括财务会计和管理会计的信息化运作成本，还能让企业根据自身需求向服务供应商购买计算能力，并通过网络登录客户端进行访问。

在“云会计”模式下，企业可以通过手机、笔记本电脑以及掌上电脑（Personal Digital Assistant，PDA）等客户端平台访问网络，支持服务供应商为客户提供多元化的服务，也支持客户随时购买需要的服务。云系统可以对各类资源进行自动控制与优化，对资源使用情况进行动态监控，向供应商与用户提供资源使用报告，将资源使用情况公开。以该系统为基础，企业可以运行各种操作系统与应用程序。

实现企业财务会计信息移动办公

“云会计”可以为企业财务部门提供移动财务办公解决方案，实现多用户、跨地域、跨设备的会计核算和资料查询等功能，为财务人员的工作提供便利。在会计“云计算”功能的支持下，企业可以随时对各种原始凭证进行会计处理，为会计核算提供方便。

由于会计核算资料存储在网络存储中心，会计人员可以根据需要，通过网络随时随地查询所需的会计资料，切实提高了会计工作效率。过去，会计人员要想获得整个公司的数据，必须对各部门的报表进行整合。在“云会计”模式下，所有数据均存储在云端，会计人员只要获得权限就可以随时随地通过互联网获取所需报表。

加强企业信息化运行方式

过去，企业各部门之间的信息交换只能通过表格进行，业务部门在完成一项业务之后要先绘制表格，然后将表格发送给财务部门，让财务部门获得相应的信息。但在“云会计”模式下，企业各部门的信息与财务会计部门的信息可以自由流通，业务部门与财务部门可以通过云端传递信息，缩短了信息传输时间，减少了人力资源的投入。

随着云计算技术的发展和“云会计”系统的升级，“云会计”将会为企业提供更好的信息窗口和数据对接服务，有效支撑企业的财务管理。

解放大量的人力

在“云会计”模式下，智能化的会计云计算系统可以将已经发生的交易自动记录下来，自动对发生额的归集科目提出建议，将来自网络银行的实时数据或者电子对账单直接导入会计云计算系统，无须会计人员手动输入，切实提高了银行对账的智能化水平，简化了对账流程，节省了对账时间。

除此之外，“云会计”还可以解决传统会计软件每天对数据进行备份的难题。会计云计算系统上的数据具有实时性，一般不需要备份，可以节省大量机械劳动的时间，但也对会计人员的业务能力提出了更高的要求，可能导致很多长期从事基础会计工作、能力有限的会计人员面临失业危机。

02　基于云计算的会计信息化建设

企业财务数据处理的大数据应用

进入大数据时代后，大数据技术在各个领域的普及应用逐渐成为常态，人们的生产、生活都在实时产生大量数据，但不是所有的数据都叫大数据，人们需要提高对大数据的认知能力，对大数据进行有效区分。

一方面，大数据有数据分析量大、数据分析结构多样、数据价值密度低、数据增长速度快、数据可靠性高五大基本特征，是一种具有较强决策能力、洞察能力和流程优化能力的新兴技术，也是一种多样化、高增长的信息资产处理模式。

大数据的 5 个基本特征决定了其能够快速收集和处理大量数据资料，而这恰好能够充分满足企业财务管理在数据处理方面的需求。因此，企业可以将大数据应用于财务数据资源管理，最大限度地发挥数据资源的作用，提高数据处理效率，并将其与传统财务管理方式进行有机融合，进一步升级企业财务大数据。

另一方面，大数据不仅可以提高数据处理的准确性，降低数据处理成本，而且有助于企业通过学习有关大数据的知识，提高自主研发能力和财务管理的系统化程度，吸引和留住更多财务信息化人才，进一步推进财会管理信息化建设。

系统建设与实际业务相结合

企业在推进信息系统建设时必须围绕自身实际情况探寻适合自身发展的路径，并制定符合自身实际情况的发展策略。企业在推进信息系统建设过程中出现的任何问题都有可能影响企业财务业务一体化信息系统的建设与应用，制约企业发展。

企业要想提升系统的使用效率，可以先提高系统的可操作性和便捷性，并在此基础上优化系统，完善制度，助力企业发展。

加强云计算会计服务的内部控制

企业在发展云计算会计服务时，将大部分注意力放在了硬件和业务流程方面，忽视了内部控制。这样一来，基于云计算的会计服务可能会出现非法使用计算资源、API 接口安全性不足、共享技术漏洞、内部人员恶意威胁等问题，不利于企业推进云计算会计服务。为了解决这些问题，企业必须采取有效手段加强内部控制，具体措施如表 10-1 所示。

表 10-1　企业加强内部控制的三大措施

序号	具体措施
1	完善账号密码管理制度，提高云计算会计服务的安全性，最大限度保证云端存储的会计数据的安全，避免出现数据失窃现象
2	明确会计人员的工作职责，推进规范化财务管理
3	升级系统中的会计信息出入口管理，保障会计数据的准确、安全，并设置操作日志来记录操作情况，这既可以为检查提供方便，也可以提高会计工作的规范性

重视沟通平台建设

当企业利用人工智能等数字技术实现财务共享后，企业的业务审批和财务保障等财务工作都可以实现电子化、远程化。由于财务人员利用网络通信技术开展远程财务工作要跨越较远的物理距离，因此企业要整合财务系统和业务系统建设沟通平台，提高沟通效率。与此同时，还可以建立实时通信体系，让财务人员只需要通过手机 App 就能互相联系，为远程办公提供方便。

完善云计算会计服务审计方法

为了确保“云会计”系统的有效性，企业需要规范审计人员的行为，确保审计人员严格按照审计准则来评估内部控制的稳定性和安全性。审计人员在进行评估时要根据实际情况分析并灵活处理出现的问题，通过审查及时裨补阙漏；还要根据实际情况以合适的方式完成传统会计信息系统和“云会计”之间的衔接，并在其出现变化时及时调整，让云计算会计服务充分发挥作用。

综上所述，进入信息时代后，市场环境发生了天翻地覆的变化，市场竞争越来越激烈，企业只有紧跟信息时代发展的步伐，充分运用云计算技术推进会计管理信息化建设，提高会计管理信息化水平，增强竞争力，才能实现长期可持续发展。

03　基于云计算的企业财务流程再造

云计算技术在财务领域的广泛应用将推动企业财务信息化建设，促进财务流程革新，助推企业财务管理转型，推动企业财务管理模式向财务云服务转型发展。随着企业的资产规模越来越大，资金链条越来越长，地域分布越来越广，企业对信息的相关性、时效性、可比性等价值特征的要求也逐渐提高。在此形势下，以职能为导向的企业财务流程采集的信息无法满足企业需求。

为了实现更好的发展，企业财务人员要积极推进财务信息化建设，通过流程再造革新财务流程，并利用先进技术弥补传统财务流程中存在的不足。云计算技术具有强大的数据处理能力，在财务领域，企业可以利用云计算技术整合核心财务资源，搭建高科技的财务云服务平台，推动财务流程再造，并将云计算技术融入新的财务流程，构建全新的财务共享服务组织模式，实现财务信息化，有效提高企业价值。

有效提升企业发挥协同价值的能力

云计算是以互联网为中心，通过集成大量分布式计算资源和虚拟化技术实现协同工作和自动化管理的计算模式，大致可以分为基础架构即服务、平台即服务和软件即服务三种服务形式。云计算能够为企业提供安全、快速的数据存储和计算等服务，让企业只需要借助网络就可以获取无限资源。未来，云计算和云服务将成为企业获取资源的重要方式。

目前，我国已经有部分企业利用云计算技术实现财务流程再造，成功将财务共享服务部署在云端。与云计算技术相融合的财务流程不仅有助于企业价值链的延伸与发展，还能推动其他各项财务业务创新升级。因此，中国移动、中国联通、中国电信等企业纷纷成立云计算公司，分别开发出"大云""互联云""e 云"等云计算平台用于获取基础资源和平台应用，打通节点资源。由此可见，企业可以通过将移动通信技术、云计算技术和互联网融入财务管理流程的方式抢占产业主导地位，充分发挥协同效应，实现价值创造。

有助于降低企业成本

与企业自主收集和管理资源相比，通过云计算来获取资源能够承担更少的成本。企业可以利用云计算技术整合各种资源，最终以多种形式向用户提供优质的计算服务。

云计算在财务领域的应用让企业的财务流程不再局限于底层硬件逻辑、软件架构和网络协议，而是借助虚拟化技术推动财务活动资源向云端转移，促使资源实现按需分配与自动增长，减少企业在管理成本和应用成本方面的支出。

企业将财务流程与云计算融合后，数据资源会被转移至云端交由云计算服务商管理，这就大大降低了资源管理成本。同时云计算服务商也会为企业提供应用软件，有效降低应用成本。具体来看，基于云计算技术的企业财务流程的成本比较低，主要包括云资源安全管理、云资源升级维护等管理成本和开发管理系统、购入应用软件等应用成本。

便于企业共享资源

企业财务流程再造是一项复杂的系统工程，可以分为4个阶段，分别是简化、标准化、共享服务和外包。每当企业发展到一个新的财务流程再造阶段时，都会收获更高的价值。而财务共享服务具有流程化、标准化、信息化和资源共享等特点，能够帮助企业革新财务管理方式、再造管理流程。对于企业来说，再造财务流程主要是为了推动财务管理模式转型，实现财务共享服务。

云计算具有灵活性高、可扩展性强、按需部署、虚拟化技术等优势，能够通过扩展虚拟应用程序和虚拟资源等方式为企业跨程序共享资源提供便捷，实现企业资源的充分利用。企业用云服务器代替传统服务器不仅可以增强稳定性，还能减少服务器数量，达到节能减排的效果。对于企业来说，财务流程革新需要利用云计算、信息通信等技术搭建虚拟财务共享服务中心，广泛连接各个服务功能和机构，推进财务流程的全面电子化和网络化，打破地理位置的制约实现资源共享。

除此之外，云计算还具备文件格式转换和信息互访功能，既可以帮助企业增强内部协作，又有助于打破时间和空间对数据的制约，让企业随时随地获取和使用数据。

04 企业财务数据的隐私安全问题

我国大多数企业在推进财务流程再造时都会优先选择使用云计算，这主要是因为嵌入云计算的企业财务流程再造具有提高企业价值、减少成本支出、实现协同效应、促进资源共享等诸多优势。但目前云计算技术还不够成熟，利用云计算技术再造企业财务流程还存在各种各样的问题，如信息可靠性不足、客户定制程度存在一定的差异、数据所有权和财务资源的安全性难以得到保障等。

由于这些问题的存在，企业在借助云计算技术再造财务流程时很容易失败，导致“云应用”难以在企业财务流程再造中普及应用。因此，企业在将云计算应用到企业财务流程再造之前必须了解并解决各项问题，尤其是企业财务资源安全和隐私问题。

如果企业使用“财务云服务”平台来管理财务数据资源，将数据放在云存储中，那么就需要做好数据安全与隐私保护。由于财务数据具有特殊性和敏感性，因此企业在普及“财务云服务”系统之前，必须确保财务数据不会被非法访问或泄露。在云计算环境下，企业财务数据安全隐私问题主要表现在以下 3 个方面，如表 10-2 所示。

表 10-2　企业财务数据安全隐私问题的三大表现

序号	具体表现
1	企业将云计算应用到财务共享管理环节之后，企业财务资源数据和应用都将被存储于云端，由云服务提供商代为管理，因此在数据访问控制、身份管理、隐私保护等方面可能存在一定的隐患，而云计算服务商和其他企业可能在未获得授权的情况下私自访问，导致企业财务数据资源的安全和隐私受到威胁
2	由于云计算技术的发展和应用不够成熟，当云计算服务的业务规模越来越大、企业用户越来越多时，云计算技术难以保证“财务云服务”平台的安全与稳定，导致“财务云服务”平台非常容易成为黑客攻击的对象，难以确保企业财务数据资源的安全
3	随着越来越多的企业加入财务共享的行列，云计算技术逐渐进入公众视线，以云计算为技术基础的企业财务服务呈现出显著的规模化、共享化的特征，与此同时，利用云服务器传播木马、违法信息、恶意软件等问题也逐渐增多，导致企业财务资源面临更严重的安全问题

除此之外，由于云计算具有虚拟化、高扩展性等特征，企业财

务资源的审计工作将变得更加复杂，需要审计部门对云计算的内部控制进行评审，建设云审计平台并进行信息安全审计，这对审计人员来说是一项巨大的挑战。

近年来，云计算技术发展迅速，利用云计算技术搭建云平台，可以为企业财务数据管理工作提供便利，但云计算中的虚拟化技术也带来了安全隐患。在这种情况下，一些恶意攻击者往往会将云平台中的企业财务资源用作网络攻击工具或不良信息的传播渠道。因此，企业必须重视安全和隐私问题，采取一定措施消除安全隐患。

具体来说，企业可以通过建设云安全技术体系来解决由虚拟化应用和多企业财务共享服务造成的问题，有效保护企业财务数据资源的安全和隐私。与此同时，企业还要建设云安全标准体系和云安全标准评测体系，规范“财务云服务”的安全标准和评价指标，实现安全目标验证和安全服务等级测评等功能，进一步为企业财务数据资源的安全保驾护航。

不仅如此，企业还应该针对嵌入云计算的企业财务流程再造，优化升级第三方云计算安全评估、监测和管理机制，为“财务云服务”平台的健康运行提供保障，从而确保企业财务流程再造的安全性。

第四部分　财务共享

第 11 章 财务共享：开启下一代财务管理模式

01 财务共享服务中心的特点与定位

相较于欧美国家来说，我国企业财务共享服务中心建设起步较晚，大约开始于 2005 年，但在政策与市场的双重作用下，我国财务共享服务中心建设速度极快，对我国企业规模化、规范化、信息化产生了积极的推动作用，极大地提高了我国企业的财务管控能力、财务核算能力以及资金支付效率，对财务的数字化转型以及企业的高速发展产生了积极的推动作用。

财务共享服务中心建设需要企业投入巨额资金，面临比较高的风险，当然其所能得到的回报也比较高。近几年，随着大数据、人工智能等信息技术的快速发展，企业在财务共享服务中心建设领域积累的经验越来越多，财务共享服务中心的功能越发丰富，建设模式也将不断更迭。

目前，我国企业的财务共享服务中心建设呈现出以下几大特点，如表 11-1 所示。

表 11-1　我国企业财务共享服务中心建设的八大特点

序号	特点
1	大多数财务共享服务中心是以财务云为基础建设起来的
2	财务共享服务中心可以对财务、法务、人力资源等业务进行共享
3	RPA、OCR 等智能技术在财务共享服务中心建设中得到了广泛应用
4	财务共享服务中心的流程多种多样，涵盖了从事务性流程到高价值流程、从财务会计流程到管理会计流程等多种流程
5	财务共享服务中心可以实现业务与财务的相互融合
6	财务共享服务中心不仅支持企业的财务共享，还可以实现医院、高校、政府等行政事业单位的财务共享
7	财务共享系统的解决方案不断成熟，成熟的服务商越来越多
8	在财务共享服务中心建设方面，市场逐渐取代政府成为核心驱动力量

由于不同企业建设财务共享服务中心的时间不同、路径不同、投入的资源不同等，不同的财务共享服务中心所处的发展阶段也不同。成熟阶段的财务共享服务中心与初创阶段的财务共享服务中心存在较大差异。

对现有的财务共享服务中心进行观察可以发现，有些企业的财务共享服务中心只具备费用报销、账务处理等功能；有些企业的财务共享服务中心不仅可以实现交易性流程的共享，还可以实现高价值流程的共享，包括预算与预测、税务分析、风险管控、资金运作等。总体来看，相较于之前的财务中心建设来说，目前财务中心建设速度越来越快，财务共享运营的成熟度也越来越高。

不同企业对财务共享服务中心的定位不同。在我国，部分企业建设财务共享服务中心的目的主要是降本增效、加强管控；部分企业则希望建设一个集财务、法务、人力资源、技术维护、供应链等多种功能于一体的财务共享服务中心，将财务共享服务中心打造成企业的服务中台；部分企业则希望将财务共享服务中心打造成企业的盈利中心和创新中心。

但如果对企业建设财务共享服务中心的目的进行总结就可以发现，企业都希望通过财务共享服务中心建设，利用大数据技术对积累的数据进行深入挖掘，为企业决策提供更多、更有价值的信息，将凭经验决策转变为数据驱动决策，提高决策的正确性与科学性。

02　财务共享服务中心建设的优点与原则

在目前的竞争形势下，数字化、信息化成为企业提升综合竞争力的重要措施，而财务共享服务中心建设又是企业信息化转型的重要一步。

两大优点

企业财务共享服务中心建设可以带来两大优点，如表 11-2 所示。

表 11-2　企业财务共享服务中心建设的两大优点

切入角度	具体优点
从企业的角度看	财务共享服务中心建设可以通过对财务的集中管控降低企业的运营成本以及运营风险，为企业管理模式的改进与优化提供科学指导，从而提高企业的运营效率
从财务工作人员的角度看	财务共享服务中心建设将部分财务工作自动化，可以让财务工作人员从重复性的工作中解脱出来，学习更多新知识、新技能，实现自我提升，为企业发展做出更大贡献

遵循“战略贯穿始终”原则

企业要想明确财务共享服务中心建设目标，首先要遵循“战略贯穿始终”原则，让财务共享服务中心建设目标与企业发展战略相适应，为企业战略目标的实现提供强有力的支持。

作为企业战略的重要组成部分，财务战略的主要目的在于满足企业战略实施过程中对财务资源的需求。在整个财务共享服务的管理框架中，财务战略占据着主导地位，对组织人员、信息系统、业务流程、运营管理的方向起着重要的决定作用，对财务共享服务中心的定位与发展有着直接影响。

财务共享服务中心建设应该在财务战略的指导下进行，以成本管理与风险管控为主要目标，为企业的财务工作以及下属各项业务的开展提供支持，不断提升企业价值。同时，财务共享服务中心建设的全过程要始终贯穿企业战略，尽量少占用甚至不占用企业的经营资源，降低建设成本以及建设风险。总而言之，企业财务共享服务中心建设要对各方面的因素综合考虑，对各个业务流程进行梳理与整合，建立健全企业管理制度，完善企业发展战略，推动企业实现更好的发展。具体来看，企业财务共享服务中心建设要做好以下几点，如表 11-3 所示。

表 11-3　企业财务共享服务中心建设的四大策略

序号	具体策略
1	明确财务共享服务中心建设目标，将企业的战略目标贯穿于企业财务共享服务中心建设的全过程，提高财务共享服务中心的运营效率，降低运营成本
2	统一财务共享服务中心建设与运行的各种标准，包括业务流程、会计科目体系、日常财务与业务流程制度、财务审批流程与核算标准等，通过这种方式促使业务与财务实现协同，保证财务共享服务中心实现稳定、有序的运行
3	围绕财务人员选拔与管理建立科学的机制，制定科学的人才选拔标准，保证选拔到的人才符合岗位需求，然后借助科学的激励机制充分发挥人才的潜能，在人才的作用下促使财务共享服务中心发挥出应有的作用，为企业经营活动提供强有力的支持
4	建立健全信息安全管理体系，完善系统权责体系，加强内部管控，为数据安全、信息安全提供强有力的保障

03　基于业财融合的财务共享模式

大多数企业在创建财务共享服务中心时都会对其抱有各种各样的期待，例如，一些企业希望以财务共享服务中心为突破口实现财务的数字化转型，但实际效果却往往不尽如人意。很多企业的财务共享服务中心建成后只能起到集中人员的作用，很多预期的功能没有实现，导致赋能财务数字化转型的效果不佳，这种情况发生的主要原因在于财务共享服务中心在建设过程中没有融合财务流程与业务流程。

财务共享服务中心助推业财融合

财务共享服务中心建设确实有助于实现业财融合，主要表现在以下 3 个方面，如表 11-4 所示。

表 11-4　财务共享服务中心建设对业财融合的推动作用

序号	推动作用
1	随着财务共享服务中心建设不断推进，一些财务人员转去了业务财务岗位，一定程度上打破了业务岗位与财务岗位之间的障碍
2	财务共享服务中心建设要以云平台的信息系统建设为基础，推动擅长跨系统操作的 RPA 技术实现广泛应用，打通业务系统与财务信息系统的融合渠道，实现数据的自由流动，使数据孤岛问题得到有效解决，对业财信息共享产生积极的推动作用
3	随着高价值的管理会计流程实现共享，业务数据与财务数据不断积累，将极大地提高财务共享服务中心的数据处理能力，为业务数据与财务数据的同步处理奠定良好的技术基础

财务共享服务中心建设可以让财务人员从那些烦琐的、消耗精力的基础事务中解脱出来，投身于决策支持、管理控制等工作。具体来说，就是以战略性财务为导向，利用信息系统增强财务管理能

力，提高财务管理质量与效率，在业务活动开展之前开展会计工作，改变事后审计的传统模式，引导会计人员全面参与到企业战略管理、经营等决策支持及价值管控活动之中。

财务共享服务中心建设有助于实现业财融合，但不会自动实现业财融合。如果企业管理者的理念比较落后，基于这些理念建设起来的财务共享服务中心只能考虑如何对交易业务进行规模化处理，对报表编制进行有效管理，而不会将辅助管理者决策作为建设目标。这样一来，即便财务共享服务中心已经建成多年，其功能依然比较单一，只能处理一些与会计基础核算相关的事务性工作，包括报销差旅费用、对应收账款应付账款进行统计、编制财务报表等，而无法与企业经营业务实现完全耦合，只能简单地集中人员，对人员进行管理。

由此，财务共享服务中心建设对管理者整合系统的能力提出了较高的要求，要求管理者加快业务系统与财务系统的融合，实现数据信息的共享，以免形成新的信息孤岛。

财务共享服务中心方兴未艾

因为财务共享服务中心属于新事物，相关理论与模式仍在不断发展，其内容非常丰富，涉及流程优化、系统构建、制度再造、风险管控、协议管理、绩效管理、知识管理、人员管理等诸多内容，需要企业不断革新管理理念、管理方法、管理模式、管理工具，积极引进或者培养相关领域的专业人才，打造一支专业的人才队伍。

另外，财务共享服务中心建设还可以引入管理会计思想，增加财务共享服务中心可以共享的流程，推动预算、资金管理、税务、绩效评价等高价值流程实现共享，打破信息孤岛，促使共享中心的信息系统与企业的业务系统相结合，为财务核算等交易性流程提供强有力的支持，促使业务系统与财务系统实现深度融合，从而在财务共享服务中心实现真正的管理会计功能。

04　企业财务共享服务中心的未来

过去，人们一直认为掌握了先进技术、专业化系统以及大量人才，拥有丰富的数据处理经验的信息中心或者计算中心就会在企业数据中心建设中扮演主导地位。但随着企业财务共享服务中心逐渐成熟，共享的流程越来越多，积累的数据规模越来越大，需要由专家解读的业务、财务、税收等数据越来越多，财务共享服务中心逐渐表现出显著的数据优势。

财务共享服务中心能否从“数据中心”转变为“数据赋能中心”，不仅取决于决策者对财务共享服务中心的准确定位，还取决于财务共享服务中心数据处理能力的提升。目前，我国在财务共享服务中心建设方面的专业人才储备不足、信息基础设施不完善、数据处理能力有所欠缺，再加上数据规模较小，而且不太完整，所以面临着较大的挑战。

企业财务共享服务中心想要提高数据治理能力以及数据赋能能力，必须做好数据系统规划，积累丰富的元数据，统一数据标准，完善数据架构，提高数据质量，保证数据安全，完善数据操作。

未来，企业的财务共享服务中心建设将呈现出以下八种趋势，如图 11-1 所示。

打造自动化的服务流程，提高流程的柔性化水平

运营外包给第三方专业机构，实现外包化与众包化

组织变得更加虚拟，呈现出碎片化的特征

功能相互融合，实现有效集成

云平台、数字化平台将占据主导地位

数据将成为企业的重要资产

自动化系统与设备将实现广泛应用，提高服务的智能化水平

企业将培养一批专业化程度高，掌握多种技能的人才

图 11-1　企业财务共享服务中心建设的八大趋势

企业财务共享服务中心要想按照上述八大趋势发展，必须积极推动大数据、人工智能、云计算、物联网、区块链等技术的广泛应用。

未来，财务云、电子发票、移动支付、数据中台、电子档案、机器人流程自动化、规则引擎、数据挖掘、模式识别等信息技术的快速发展，将不断地为财务共享服务中心建设赋能，财务共享服务中心的流程、组织、系统和运营模式将持续变革，共享流程将从自动化、智能化向无人化的方向发展，对财务共享模式创新产生积极的推动作用。在这种情况下，企业的财务共享服务中心不再只是企业的核算中心、成本中心，将拓展出服务、经营、创新、数据挖掘、赢利等多种功能。

第 12 章
运营管理：财务共享服务中心的建设路径

01 定位：从成本到管控的转变

在企业数字化转型的背景下，企业各个部门都要实现数字化转型，建设财务共享服务中心是财务管理部门数字化转型的一项重要举措。为此，全社会掀起了财务共享服务中心建设热潮，使得财务共享服务中心的数量迅猛增长。

目前，一部分人对财务共享服务中心建设的认识存在偏差，认为财务共享服务中心建设只是对财务组织架构的一次调整，或者只是简单地引入信息系统对财务管理流程与方式进行改造，但事实并非如此。财务共享服务中心建设是一项复杂的工作，涉及观念、系统、流程、组织以及人员的重塑与再造，需要管理者转变思维，结合具体的业务实践，不断调整人员组织模式以及发展战略，为业务决策提供强有力的支持。

人工智能、区块链、5G、边缘计算、云计算等技术为财务共享服务中心建设提供了强有力的技术支持。如何利用这些技术推动财务共享服务中心建设，提高财务共享服务中心建设效率，降低建设成本，已经成为一个热门话题。下面对财务共享服务中心的定位、核心职能以及体系优化等问题进行具体探究。

财务共享服务中心有两大功能，一是可以将大量重复性、高标准化的业务集中起来，提高财务管理效率，降低财务管理成本；二是可以对财务管理所面临的各种风险进行集中管控，提高财务管理质量。因为，企业一般会将财务共享服务中心定位为成本或者管控，或者是“成本+管控”。

当然，财务共享服务中心的定位不是一成不变的，而是会随着建设阶段的发展而变化。例如，在财务共享服务中心建设的前三年，企业对其的定位是成本，主要管理规模大、标准化程度高、具有较高重复性的业务，如费用、应付账款、应收账款等，以提高财务管理效率，降低财务管理成本。

如果将财务共享服务中心定位为成本，财务共享制度体系将主要由执行性的规则与操作手册构成，人员管理大多采用绩效考核的方式，主要面向流动性比较大的基础作业人员，客户管理则比较注重运营成本、服务时效、人均作业量、标准化服务以及满意度服务等指标。

随着财务共享服务中心发展到第四、第五年，其定位可以转变为“成本+管控”。因为此时公司进入成熟发展阶段，需要将管理重心转移到前端经营方面，需充分发挥财务管理的各项职能，不断拓展业务范围。

在制度体系方面要增加管理职能，建立健全财务管理制度；在系统建设方面要完善数据库建设，对财务数据进行整合，对信息系统进行优化，提高数据分析报表的信息化处理水平；在人员管理方面要不断减少基础人员的数量，提升高级管理人员的占比，做好数据分析，防范财务风险；在客户服务方面要尽量满足客户对个性化、精细化服务的需求。

简单来说，财务共享服务中心定位为成本就是选择必须要做的工作，舍弃一些非必要的工作，以此来控制成本；增加了管控定位之后，必然要增加一些新业务，因而经营事项、经营数据有所增加，共享中心的价值及作用不断放大。

02　运营：构建财务共享管理体系

财务共享服务中心要想持续发挥作用，让各个岗位的财务人员专注于自己的工作，必须做好财务运营与管理，为财务人员提供相应的管理工具，提高管理效率。具体来看，财务共享服务中心的运营管理有两大核心职能：一是服务，二是监督。

服务职能

财务共享服务中心的运营管理要为业务团队提供多种类型的服务，包括运营分析、人员管理、培训体系、绩效考核机制、标准化管理、流程管理、精益管理、财务信息化、客户服务、项目管理、创新孵化等，以提高财务管理效率，降低财务管理成本。

财务共享服务中心的运营管理要为财务人员提供低成本、高效率、有利于团队发展的问题解决方案，帮助财务人员更好地完成任务。此外，服务定位要为管理服务，具体来说就是要为财务共享服务中心的负责人以及企业服务。

财务共享服务中心的运营管理要立足于宏观视角，创建有利于财务共享的组织架构，支持负责人进行财务管理的团队文化，以及能够更好地为企业创造价值的发展方式，以便实现战略管理、文化管理以及组织管理目标。

监督职能

财务共享服务中心的运营管理要做好质量管理、六西格玛管理、风险管理、满意度评价、绩效管理、成本管理、成熟度评价等监管工作，以提高管理质量与效率，提高客户的满意度。具体来说，财务共享服务中心的运营管理要立足于客户视角，对业务团队向客户提供服务的过程以及客户的满意度进行监督；要立足于负责人的角度，对业务团队对外提供的服务是否完成了财务共享服务中心对客户的承诺，以及财务共享服务中心是否兑现了既定的绩效目标进行监督。

那么，企业应该如何构建财务共享服务中心的运营管理体系呢？总结而言，主要包括以下几个要点，如表 12-1 所示。

表 12-1　企业构建财务共享服务中心运营管理体系的四大要点

序号	建设要点
1	以满足客户需求为目标建立运营分析体系，将财务共享服务中心的运营成果以数字化的形式反映出来，判断其是否达到了服务水平协议（Service Level Agreement，SLA）的要求
2	以标准化管理、风险管理以及质量管控为手段，对质量管控、风险管理、成本降低等细分领域给予高度关注，判断其是否达到了相应的目标
3	如果发现财务共享服务中心的运营管理出现问题，要借助系统管理、项目管理、创新管理等工具来解决问题
4	财务共享服务中心的运营管理需要由战略管理、人员管理以及组织管理提供辅助，只有这样才能保证组织的稳定性

只有做到上述几点，财务共享服务中心运营管理的所有职能才能形成一个完整的闭环。

03　制度：完善企业财务管理制度

企业财务与业务流程制度标准化

企业如果没有建立统一的财务与业务流程制度，没有对财务与业务开展过程中的各个流程节点进行统一规划，很可能导致后续经营流程无法实现有序衔接，财务共享服务中心建设将达不到预期的实施效果。因此，企业财务与业务流程制度设计要统一会计制度、会计科目以及会计核算标准，对业务审批流程以及财务核算标准进行统一。

为了明确财务与业务开展过程中的关键流程节点，增强预判能力，企业可以邀请一些专家介入，对财务共享服务中心建设进行指导。具体来看，在财务与业务流程制度标准化的过程中，企业要统一的内容包括会计科目体系、财务业务审批流程与核算标准、财务与业务流程制度。

建立科学的财务人员管理制度

（1）挑选合适的财务人员。

财务共享服务中心对财务人员的素质与能力提出了更高的要求，因此，企业在招聘、选拔财务人员时要对候选人进行系统性考核。考核内容主要集中在两个方面：第一，财务人员的综合素质、沟通能力、团队协作能力以及问题处理能力；第二，财务人员的风险防控意识。一名合格的财务共享服务中心的财务人员不仅要掌握丰富的财务知识以及实践经验，而且要具备良好的沟通能力、强大的团队协作能力、良好的问题处理能力以及系统的风险防控意识。只有通过上述两个方面的考核，企业才能找到合适的财务人员。

（2）充分做到人岗匹配。

财务共享服务中心招聘的财务人员必须符合岗位要求，而且要做到人岗匹配。因为财务共享服务中心在一定程度上改变了传统的财务工作方式，对财务工作做了细致划分，所以要将难度较高的业务交给专业能力更强的财务人员来完成，将难度较低的业务交给能力一般的财务人员，以免造成人力资源的浪费，保证各项工作都能顺利完成，从而保证财务共享服务中心健康发展。

（3）完善激励制度。

财务人员工作的积极性也会对财务共享服务中心建设产生直接影响。因此，企业财务共享服务中心建设不仅要做到人岗匹配，还要完善激励机制，激发财务人员工作的积极性，吸引新员工，留住老员工。具体来看，财务共享服务中心激励机制的完善要做到以下两点：

- 明确员工的晋升机制，建立健全轮岗制度，让员工在岗位轮换的过程中施展自己的才能，学习新知识、新技能，实现自我成长与提升；
- 合理规划绩效考核周期，通过绩效考核刺激员工释放工作热情。

需要注意的是，财务共享服务中心激励机制的制定与完善要参考企业的经营模式与发展战略，合理设置岗位等级，建立阶梯式的晋升机制。同时，财务共享服务中心建设要广纳人才，鼓励财务人员积极接受培训，参与行业的专业资格考试，形成一套长期的人才培养方案，提升人才培养能力与储备能力。

建立严格的信息安全管理体系

财务共享服务中心汇集了海量财务数据，这些数据要经过网络流通共享，存在被泄露、被盗取的风险。为了保证财务数据的安全，企业要做好两个方面的工作。

（1）建立完善的安全管理制度。

企业要建立健全财务数据安全管理制度，具体措施如下。第一，从技术角度看，企业要建立自上而下的信息保护机制，对财务数据输入、输出与传递的全过程进行有效控制；第二，从管理角度看，企业要设置多层检查制度，对重要的财务数据进行加密，为数据传输网络增加安全防护体系，保证数据传输安全；第三，企业要完善财务数据保密制度，增强财务人员的数据安全意识，防止内部人员盗取数据的情况发生，有效地保证数据安全。

（2）规划科学的系统权责体系。

财务共享服务中心需要为整个企业服务，这就意味着企业各个部门的管理者以及员工都可以访问该平台。在这种情况下，为了保证财务数据的安全，企业必须为财务共享服务中心设置访问权限，为不同部门、不同级别的员工赋予不同的访问权限，例如，规定部门员工只能访问与自己部门有关的信息等，并且明确权责范围。

同时，企业可以设置系统管理专员，根据财务人员的工作职责明确财务共享服务中心的操作权限，员工只有在获得系统管理专员的授权后才能进入，借此建立系统权责体系，在最大限度上保证财务数据与信息的安全。

04　优化：持续提升运营管理效能

大型企业的财务共享服务中心建设历经多年，逐步从“运营成长期”进入“运营成熟期”，企业的关注点也从打造标准化的业务流程、降低运营成本、提高运营效率转向优化并创新运营体系。

财务共享服务中心的优化与创新对产品能力与技术能力提出了极高的要求。随着5G、云计算、边缘计算等技术应用于财务共享服务中心建设，财务共享服务中心将转变为企业的数字中心。这样一来，如何对数据进行开发利用，提高财务共享服务中心的运行效率就成为一大难点。

首先，虽然在各种先进技术的支持下，财务人员在审核时只需要查看电子影像，不需要查看实物进行校验，但因为财务共享服务中心将数据录入、数据核算等重复性工作集中在一起，使得财务人员仍需要承担数据录入、数据审核等工作。再加上很多企业在财务共享服务中心建成后会缩减财务人员的数量，也在一定程度上增加了留岗的财务人员的工作量，这一点与提升财务管理效率的初衷完全相悖。更重要的是，财务共享服务中心输出的财务数据类型比较单一，数据规模比较小，无法对企业的财务决策产生强有力的支持，对于企业来说价值不大。

其次，财务共享服务中心建设效率深受技术条件的影响，相应地，财务共享服务中心建设成果也会对财务共享服务中心的技术应用能力产生影响。企业要想做好财务共享服务中心建设，充分利用财务共享服务中心的财务资源，就必须积极引入自动化、智能化技术，打造自动化的工作流程，释放劳动力，让工作人员将更多时间与精力投放到更有创造性的工作中去。

例如，财务共享服务中心可以引入机器学习模型对财务数据进行审核，对单据的风险等级进行判断，提高审核的靶向性，利用会计引擎对数据审核结果进行自动记账与核算。这样一来，财务共享服务中心就可以省去低附加值的报账、审核、核算环节，将这些工作交由智能化系统自动完成，促使财务共享服务中心的人力资源得到充分利用，避免由于会计核算过于集中带来种种问题。

在信息化时代，快速发展的大数据、云计算、人工智能、区块链、物联网等技术对各行各业产生了巨大的颠覆作用，这些技术在财务共享服务中心具有天然的适用性。财务共享服务中心的数字化转型是利用数字技术，依托连接、共生、协同、平台等理念，对企业内外部的数据进行整合，借助数据采集、加工、挖掘等方法对数据进行加工整理，将数据隐藏的价值充分释放出来，以可视化的形式对数据进行展示，对财务的数字化转型产生积极的推动作用，为会计决策、财务决策提供强有力的支持。

具体来看，财务共享服务中心的数字化转型，首先要对数据采集、加工、挖掘等环节进行数字化改造，带给客户更优质的体验。其次在引入数字化技术的同时，财务共享服务中心的管理人员以及运营人员要不断提升自身的技术应用能力，对外部技术资源的迭代给予高度关注，以更好地应对信息技术升级带来的巨大冲击。

第 13 章
典型案例：财务共享服务中心的实践与启示

01　中国石油：财务共享的智能化升级

近年来，中国石油正以“建成世界一流全球财务共享服务体系”为目标，在全球范围内大力推进财务共享服务中心建设，并不断加强国际合作，扩大财务共享服务试点，力图推动财务共享服务实现智能化、国际化。在中国石油打造的财务管理体系中，总部财务部门承担着战略财务职能，专业公司和地区公司的财务部门承担着业务财务的职能，而共享服务中心则承担着共享财务的职能。

共享：财务自动化和智能化的基础

在共享服务模式下，中国石油不断推进智能化信息技术在财务领域的开发和应用，实现效率的大幅提升。例如，中国石油在共享服务中心推出各种功能的机器人，这些机器人是虚拟智能化计算机程序，能够像“铁人”一样不知疲倦地处理信息，因此也被称作“小铁人”。它们不仅有着 10 倍于人工的信息处理效率，还能优化业务流程，结合标准化、专业化、智能化、精益化管理，将实际用工效率提升 43%，不断强化规模效应。

财务共享服务中心具有交易处理中心、创新中心和专家中心三大功能。对财务共享服务中心来说，当将其定位为交易处理中心时，前端业务流程会不断优化，企业对风险的管理控制能力将逐渐增强；当将其定位为专家中心时，企业财务转型将更加注重对数字、算法、模型、业务等各个领域人才的培育，进一步提高服务水平，完善数据服务和专家咨询服务；当将其定位为创新中心时，其工作重心将转变为充分利用先进技术和优秀的管理经验推进模式创新和技术创新。

全球：面向全球业务提供服务

随着世界经济逐渐走向一体化和全球化，中国石油通过持续推进全球化财务共享服务中心建设来为全球化业务发展提供支持。中国石油的业务规模十分庞大，就目前来看，其与全球 80 多个国家和地区建立了业务合作，海外分支机构超过 500 家，拥有俄罗斯、中东、美洲、非洲、亚太五大油气合作区，建有四条油气战略通道，包括西北、东北、西南三条陆上通道和一条海上通道，并构建了亚洲、欧洲、美洲三大国际油气运营中心。未来，中国石油将打造最大的国际化、全球化财务共享系统，并通过该系统向全球提供财务共享服务。

中油国际是中国石油的海外板块，也是较早开展海外财务业务共享实践的企业。2017 年 4 月，中油国际建成海外财务共享服务中心，利用海外财务共享服务平台实现全球会计核算、财务报表、费用报销及薪酬福利核算的共享处理。

中国石油推进财务共享服务建设有助于革新财务管理流程，但在推进海外财务共享服务建设的过程中，不能忽视对项目投资回报、国际汇率、国际税收等风险的管控，要积极创新应用智能化技术推动共享服务的发展，加快财务全面转型和创新的速度，努力构建世界一流的财务管理体系，打造国际化的总部财务部门，增强财务核心职能研究能力，贯彻落实“走出去”战略，进一步提高财务管理水平。

综合：为多元客户提供多元服务

中国石油逐步建立起包含多个部门业务的共享服务中心，为用户提供财务、人力、审计、采购等方面的服务。其中财务共享服务中心具有全球共享和综合一体化等功能，不仅能够向多元化的客户提供多元化的服务，还能预留共享服务接口。

中国石油建设的共享服务中心集成财务、IT、人力等多种职能，能够为企业内外部各种类型的客户提供服务；在交付模式方面，客户可以选择交易处理、专家咨询或外包服务；在员工技能方面，员工要在掌握基本技能的前提下学习更多高水平的技能，如增值服务、精益管理、客户管理等。

中国石油构建了全新的财务管理体系。在该财务体系下，总部财务、专业公司和地区公司财务、共享服务中心有着不同的功能定位和职能。其中总部财务的职能是战略财务，主要负责预算管理、税收筹划、筹融资管理、财务政策制定、财务战略管理、投资者关系管理等决策和配置方面的工作；专业公司和地区公司财务的职能是业务财务，主要负责成本管理、风险管理、预算管理、财务运营分析、利益相关者管理、税收筹划方案执行等协同和推动方面的工作；共享服务中心的职能是共享财务，主要负责财务报表、会计核算、纳税申报、资金结算、费用报销、发票管理、差旅管理、财务数据管理、财务信息化建设等记录和控制方面的工作。

02　中国石化：财务共享服务中心的建设与实施

中国石化是我国最大的一体化能源化工企业之一。2013 年 3 月，中国石化正式启动财务共享服务建设，并围绕服务集团内部企业大力推进财务共享服务中心建设。

总体目标

财务共享服务是一种新型管理理念，也是中国石化正在使用的财务管理模式。从财务共享服务中心的建设历程来看，中国石化先确立了“总体规划、分步实施、先易后难、持续改进”的建设思路，然后在东营分中心试点运行，再逐渐扩大财务共享服务范围，最后构建出标准化、自动化的财务共享服务中心，为中国石化境内外的下属企业提供财务共享服务，进一步提高财务业务的规范化程度，完善企业运营管理，在提高效益的同时减少成本支出，为企业创造更大价值。

建设规划

2013 年，中国石化将财务共享服务纳入企业战略转型和运营效率提升的总目标。在总目标的指引下，中国石化通过试点运行的方式寻找有助于推进财务共享服务建设的组织管理模式和运行管理模式，明确总部财务、企业财务以及财务共享服务中心的职能，并对试点中的成功经验进行归纳总结，以便将经验运用到以后的推广建设中。具体来说，中国石化计划利用 5~10 年的时间推广集服务、管控、价值创造等功能于一体的财务共享服务中心建设，建设规划大致可以分为 3 个阶段，如表 13-1 所示。

表 13-1 中国石化财务共享服务中心职能建设规划

阶段	功能设计	重点工作方向	对共享服务中心的绩效考核重点
第一阶段	专注于服务职能的提升	为各上线单位提供标准化的业务流程服务，并持续改进、不断优化业务流程	偏重考核共享服务中心对各上线单位业务处理的效率和质量
第二阶段	专注于财务管理能力的提升	为各上线单位提供规范、高效的服务	偏重规范化程度和管控效果
第三阶段	专注于企业价值的提升和绩效管理	为各上线单位提供高附加值的财务管理服务，关注流程优化与管理创新，提高日常核算的自动化水平	偏重价值管理和价值提升

实施方法

随着财务共享服务中心建设的不断推进，中国石化的财务部门逐渐搭建起集总部财务、企业财务、财务共享服务中心于一身的发展架构，实现集团总部和企业两级财务互相协同，共同完成财务共享服务中心试点建设工作。建设过程大致可以分为以下 4 个阶段，如表 13-2 所示。

表 13-2 中国石化财务共享服务实施的 4 个阶段

目前财务架构	实施阶段				财务共享服务上线后的财务架构
	项目准备	信息收集与分析	设 计	实 施	
集团公司、企业两级财务架构	1. 确定项目目标、计划、策略； 2. 建立项目组织，确定成员； 3. 宣传培训	1. 财务部门工作成本和工作量收集； 2. 财务人员信息、工作情况信息收集； 3. 信息分析及分类	1. 组织架构、业务流程、人员岗位设计； 2. 共享服务信息平台设计； 3. 服务管理设计； 4. 信息迁移计划设计	1. 共享服务组织建立； 2. 共享服务信息平台开发、集成和测试； 3. 人员迁移和培训、业务迁移； 4. 共享服务中心试运行	集团公司财务、企业财务、财务共享服务中心“三位一体”的财务架构

财务共享服务带来的变革

（1）体制、职责的变革。

企业财务会计工作可以分为多个类型，每个类型都有各自的服务维度，如图 13-1 所示。

管控型	• 财务政策、会计制度、预算制度等
经营型	• 经济活动分析、财务情况说明书、预算监控与分析等
专业型	• 税务政策贯彻与培训、财务咨询服务等
规模型	• 应付核算、固定资产核算、月结/年结
现场型	• 存货盘点、现金管理、票据管理、财务档案管理

图 13-1　中国石化财务工作按照维度分类

企业财务会计工作中的专业型、规模型和部分现场型业务属于财务共享服务。在财务共享模式下，中国石化的总部财务、企业财务、财务共享服务中心既承担着不同的职责，又互相联系，如图 13-2 所示。

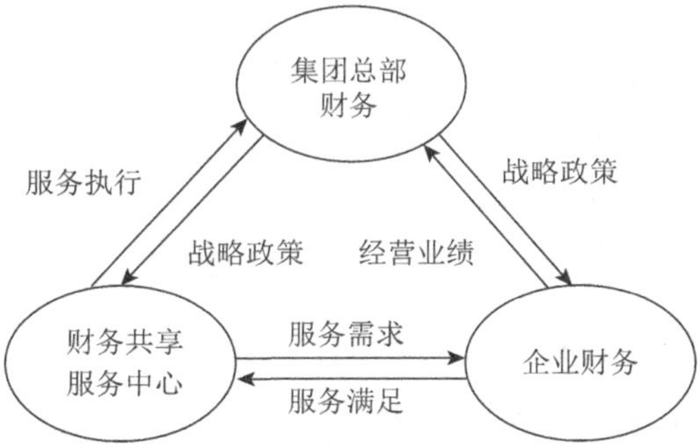

图 13-2　总部财务、企业财务、财务共享服务中心职责划分

（2）财务共享业务流程的变革。

中国石化的财务共享服务中心可以利用信息技术和网络平台为企业提供远程会计业务处理服务，并集中对上线单位的财务业务数据进行处理，及时完成财务信息披露工作，确保所披露信息的准确性、真实性和完整性。

应对变革的措施

（1）企业应对变革的措施。

对于中国石化来说，推进财务共享服务建设是提升财务管理水平，助力财务业务实现信息化发展的重要举措。为了充分发挥财务共享服务的作用，适应财务管理变革，企业可以采取以下措施，如表 13-3 所示。

表 13-3　企业应对财务管理变革的五大举措

切入角度	具体措施
宣传	企业可以积极宣传财务共享服务的服务范围和影响，分析财务管理变革为企业发展带来的机遇，找出变革中可能面临的难题，做到统一思想、上下联动
规划设计	企业应建立新的组织架构、沟通模式、业务流程、审批流程和管理流程，并明确岗位职责，营造全新的企业文化氛围
人力资源	企业应加强对员工的素质和能力培训，明确各个员工的职业定位，帮助员工完成职业规划，提高员工队伍的稳定性
革新手段	企业应采取优化决策流程、打通汇报通道、设计新系统、应用新系统、完善相关标准和规范等手段推动财务工作变革
后期维稳	企业应优化管理机制，根据实际情况设置合理的工作目标和考核标准，采取员工激励等多种手段，让财务管理体系变得更加成熟稳定

（2）员工个人应对变革的措施。

中国石化实施财务共享服务需要进行机构设置、人员配置、岗位职责等方面的调整，因此要明确工作计划、工作职责、工作方式和工作目标，找准变革的重要时间点，为变革提供资源等方面的支撑。对于员工来说，“财务共享服务”是一个从未接触过的新概念，因此要及时转变观念，积极了解、学习和接纳财务共享服务理念，主动参与变革，接受并推动自身岗位职责转变。具体可以采取以下措施，如表 13-4 所示。

表 13-4　员工个人应对变革的五大措施

序号	具体措施
1	掌握集团公司在财务共享方面的战略目标和制度政策，积极学习关于共享服务的知识与技能
2	出现困惑和顾虑时要及时沟通交流
3	积极参与业务流程调研、分析和优化等工作
4	主动参加相关学习培训活动，不断提高自身业务能力，充分掌握财务共享业务
5	接受并适应转型后的新岗位职责、工作方式、业务流程

03　万科集团：基于数据共享的财务转型之路

万科集团是我国房地产行业的领军企业，其业务涉及商业地产、物流地产、长租公寓以及教育等多个领域，业务范围覆盖了全国 60 多座城市，属于资金密集型产业，具有项目成本高、开发时间长、资金周转慢、支付方式烦琐、内部结算频繁等特点，因此其资金管理业务十分复杂。由于市场经济中的财务风险复杂多变，因此万科集团需要通过财务转型来解决风险管理问题，以便推动企业实现可持续发展。

2012 年 11 月，万科集团启动财务共享服务中心建设，完善风险管控体系，创建能够为一线公司提供业务和管理服务的管理平台，推进企业管理变革，提高企业运营效率，助力企业增值。

万科集团的财务共享服务中心整合了大量业务和数据，能够为企业内部决策提供有效的数据支撑。财务共享服务中心能够为一线企业提供财务管理服务，从集团层面推进财务与业务的融合，让财务走向信息化、数字化，并利用业务大数据来表达财务。随着财务共享模式逐渐成熟，财务职能和财务人员角色也在迅速转变。

财务制度标准化，管理流程化

财务共享服务中心的建立有助于万科集团完善财务制度，优化财务管理流程，为其发展住宅、物业、商业等业务提供财务支撑。万科集团利用金蝶 EAS 软件构建出适合自身的财务共享服务中心，并在统一的数据库和信息系统中集中设定和存储财务管理流程等财务制度信息，专门安排相关负责人对系统和数据库进行管理，为战略落地实施提供保障。

加强管控，避免内部出现管理黑洞

万科集团通过财务共享革新了财务流程，并在利用信息化手段进行业务流程处理的基础上，进一步整合财务共享服务中心的业务和数据，基于财务共享整合人员、流程和数据。万科集团建成财务共享服务中心后，不仅使财务人员能够严格地按照标准完成工作，有效提高财务工作的规范性，还能集中管理费用报销、合同付款等业务流程，为财务部门的审批工作提供方便。除此之外，财务共享服务中心的应用还有助于万科集团通过每月日常审核及时找出付款违规等问题并进行处理。

智能化审单，提升共享运营效率

审批资源有限、审单工作量过大、报销流程烦琐等问题的存在，导致报销流程滞后，使财务共享服务中心工作人员的审核报销效率无法满足一线员工的需求。因此，万科集团利用金蝶 EAS 信息系统打造出以信用等级为依据的审核机制，以智能化共享的方式实现灵活审单，简化费用报销流程，进而提高财务共享服务中心的运营效率，优化员工的工作体验。

深度挖掘与利用财务数据

万科集团深度挖掘、积累海量财务数据，围绕数据共享打造出基于大数据的财务共享服务中心，实现了对财务和业务数据的高效分析和充分利用。万科集团通过积极推动财务变革来实现财务职能的转变，并通过财务共享服务中心建设驱动财务管理服务向业务前端延伸，实现财务业务统一处理。与此同时，万科集团还利用模型挖掘有价值的信息为企业决策提供数据支撑，并进一步提高财务业务的处理效率。

第五部分　业财融合

第 14 章
业财融合：实现业务与财务的一体化

01　业财融合的概念与本质

业财融合指的是利用互联网、大数据等技术，将收集到的财务信息与业务数据统一存储到数据库中，实现财务数据与业务数据的一体化呈现。在经营者需要业务数据时，可以从后台系统中调取所需数据，实现数据共享。业财融合是数字化时代下财务转型的一个重要方向，可以从以下 3 个方面来理解。

固　化

固化是指找到业财融合相对标准的规律与规则，是实现业财融合的先决条件。在数字化时代，企业要进行数字化转型，就需要打通业财数据，并对数据进行分析。在实践中，业财融合涉及物料、资产、供应商、客户等一系列数据。而大部分企业由于业务系统的不同、流程的差异使得这些数据相对孤立，没有形成标准的数据体系，极大地阻碍了业财融合。因此，企业必须对数据进行标准化处理，为业财融合的实现奠定坚实的数据基础，从而推动企业数字化转型。

业财融合中的固化能帮助企业实现内部思想的规范化以及流程的标准化。企业思想规范化需要在业务、财务、管理者层面进行业财融合的宣传，让管理人员意识到业财融合对企业发展的巨大优势，加强业务部门与财务部门的交流互动，主动推动业财融合，夯实企业数字化转型的基础。流程标准化是指将业务流程与财务流程进行标准化处理，为企业数字化转型提供保障。

规范化的思想、标准化的数据和流程是企业推动业财融合的前提，也是进行后续其他活动的基础，能够有效加快企业数字化转型的步伐。

变　化

现阶段，企业外部市场环境变化多端，内部业务快速发展，给财务工作带来了一系列挑战，使得财务部门不得不改变原来的工作思路，调整业务模式，优化财务决策，推进业财融合，以更好地应对挑战。

例如，为了迎合快速发展的市场，某家制造型企业的业务模式从最初的原始设备制造发展到后来的代工经营自有品牌，再到最终的原始设计制造，从原来的只负责生产加工到最终负责研发、设计、生产、维护的全流程，并打造自己的品牌，开发自己的客户，拓宽发展渠道。随着经营模式发生改变，企业的财务模式也必须进行相应的转变，实现业财融合、进行数据分析便是最佳选择。因为业财融合可以帮助企业实现更精准的经营状况分析和市场预测，提升市场竞争力。

再如，某国际知名化妆品零售企业为了在快速发展的经济社会中脱颖而出，积极改变业务模式与营销模式，从线下营销转变为线上线下融合的方式，有效扩大市场规模，提高营销收入。与此同时，该企业应当积极推进业财融合，不断挖掘数据价值，优化经营决策，以实现更好的发展。

打　通

业财融合的最终目的是打通业务部门与财务部门的数据、流程和功能融合渠道，实现业务部门与财务部门的融合互通，帮助企业实现更好的发展。例如，某家国际汽车企业就通过业财融合，推动企业实现高效、可持续发展。该企业按照研发、采购、制造、人事、IT 等各业务部门的需求，将财务部门细分成与之相对应的财务架构，并设置了相对应的财务职能岗位，不仅提升了企业内部的协作效率，更提升了企业自身的凝聚力和市场竞争力。

业财融合包括数据、口径、时间、空间 4 个维度。在数据层面，实现财务数据和业务数据的统一、融合和共享，便于分析数据。在口径层面，传统的业务口径通常是对关键绩效指标（Key Performance Indicator，KPI）或业务本身统计的数据，而财务口径通常涉及监管、税务等，存在一定差异，通过打通口径能够很好地实现业财融合。在时间层面，很多企业习惯月底统计财务数据，使得财务数据在业务环节和财务系统中反映不及时。在时间层面打通业务和财务融合渠道，能够实现数据即时统计、即时使用。在空间层面，实现业务与财务环节、流程、系统等的融合。

业财融合需要先进行固化，以应对来自企业内外部的变化，进而打破业务和财务间的隔阂，最终实现企业的长远发展。

02　驱动企业财务数字化转型

随着社会的不断发展，云计算、大数据等新一代信息技术不断出现，企业要遵循与时俱进的原则，将财务数据以多元化的形式呈现出来。

传统模式下的财务管理功能比较单一，只局限于对数据进行分析与定位，没有向生产、销售、研发等领域延伸，管理方式主要是事后核算，缺乏事前预算以及事中监管，这极大地削弱了财务管理的战略意义。业财融合对传统的财务管理模式造成了一定的冲击，主要表现在以下两个方面。

（1）业财融合推动财务向着精细化的方向发展。

传统的财务管理主要是核算数据，管理方式比较粗放。在业财融合背景下，财务管理工具越来越多，平衡计分卡、标准作业法、全面预算管理等工具在财务管理领域得以广泛应用，能够很好地解决财务管理领域存在的很多问题，并对财务管理流程进行细分，找到促进产品增值的关键点，并在这些领域投入大量资源，不断扩大市场份额，有效满足市场需求，让财务管理释放出更大的经济效益与社会效益，推动财务管理向着精细化的方向发展。

（2）业财融合要求财务采取无边界管理。

进入数字化时代以来，随着互联网、大数据等技术在财务管理领域的深度应用，企业的财务管理迎来了很多机遇，主要表现为企业传统的财务边界被打破，财务管理突破了财务核算的局限，打破了固有的管理模式；财务人员可以深入财务管理的各个环节，对采集到的财务信息以及业务信息进行整合，并向业务部门实时反馈，推动财务管理模式创新。业财融合强调部门之间的沟通，提倡部门之间共享信息，对财务管理创新产生了积极的推动作用。

数字化是技术手段

数字化是推动业务发展的有效技术手段。在财务职能方面，数据分析、SaaS 系统、低代码平台、财务机器人等都是常用的数字化技术，并且随着数字化技术在财务领域的进一步应用，越来越多的财务核心技术和财务数字化系统被研发和使用。这些数字化技术手段对工作能力强的财务人员来讲更是一种得心应手的工具，且对提升财务人员的综合能力和工作效率具有重要意义。

“合纵连横”是方式

为了更高效地使用数字化手段，更好地推进业财融合，企业可以采用“合纵连横”的方式。“横”指的是横向覆盖企业业财融合过程中涉及的各个领域，其中最重要的就是要利用财务报表做好横向规划。这里的财务报表包括利润表、资产负债表和现金流量表三项，涉及企业经营的全部流程。“纵”是指企业的垂直领域，针对产品做更深层次的利润分析，涉及企业的不同部门及流程。企业通过纵向规划能够实现更加紧密的业务联动，能够有效实现数据共享，挖掘数据深层价值，提升企业发展效率。但纵向规划比横向规划的难度要高很多，对企业来讲是一项挑战。不过总体来讲，“合纵连横”是一种比较有效的方式。

对现阶段开展数字化建设的企业而言，“合纵连横”是一种不错的选择。企业应当从横向和纵向两个维度了解自身的发展现状和业务指标，这样才能保证各部门数字化建设的协调统一，避免很多不必要的问题，规避很多潜在风险。

整体联动是优选

业财融合作为企业数字化转型战略的重要内容之一，其实现过程离不开企业所有部门的共同努力，甚至需要上下游企业的联合推动。在这些参与主体中，业务部门、财务部门、IT 部门只是贡献比较大的几个部门，而不是全部力量。因此，只有通过体系、集群、网络、技术的整体联动和综合推动，企业才能更好地实现业财融合，为数字化转型奠定良好的基础。

03 基于业财融合的成本管控

简单来说，业财融合就是利用信息技术促使业务流与财务流相互融合，促使业务与财务实现一体化，利用企业有限的资源提高企业的经营业绩，其核心理念是通过财务数据判断经营成果，利用经营成果反推经营过程，辅助业务部门做好规划，实现经营目标。

之所以要推动业财融合，主要原因在于部门分工。虽然企业的部门分工提高了各项工作开展的专业化水平，但也造成部门分割的局面。各部门的员工只关心自己部门的工作，对其他部门的工作与人漠不关心，导致部门隔阂不断增大，给部门协同造成了一定的困难，不利于企业的整体运作。为了应对快速变化的市场环境，企业各部门之间必须加强交流与协作，尤其是财务部门与业务部门，从而催生了业财融合浪潮。

企业成本费用管控的重要性

在企业管理中，财务管理、成本费用管控是一项重要内容，对企业控制成本、增加利润、提高竞争优势具有重要意义。

（1）提升竞争优势。

精细化的财务管理以及成本管控有利于企业降低生产成本与运营成本，获得更多的经济利益，从而保持持续性的竞争优势。这是企业面对复杂激烈的市场竞争屹立不倒的关键。

（2）降低成本。

企业是以营利为目的的经济组织，其经营管理始终离不开两个话题，一是降低成本，二是提高营业额。企业在经营过程中，将各项成本费用明列出来进行精细化管控，做好预算控制，可以有效降低各项成本。

（3）利润增加。

一般情况下，成本的下降会伴随着利润的增长，而且利润的增长幅度要比成本下降幅度大很多。假设企业的运营成本下降 10%，利润可能会增长 20%甚至更多。所以，企业做好成本管控会自然而然地带来利润的增长。

业财融合下成本管控存在的问题

（1）业财融合制度不够完善。

在一家企业中，业务部的工作往往比较繁杂，而财务部的工作比较单一，所以企业经常会让财务部担负起业财融合的职责，同时享受业财融合工作所产生的绩效成果。这在很大程度上打击了业务部参与业财融合的积极性，对业财融合工作的推进造成了一定的阻碍。

（2）业务部与财务部缺乏有效沟通。

业务部与财务部是两个独立的部门，彼此之间缺乏有效的沟通，一直保持各自为政的状态，习惯于站在自身立场考虑问题，很难实现真正的融合。

（3）业财融合体系信息化水平较低。

业财融合需要利用大数据、云计算等先进的信息技术对业务数据与财务数据进行收集、整理与处理，为构建大数据模型奠定良好的基础。但目前，大多数企业的信息管理平台建设尚不完善，集成化水平比较低，所收集的信息资源不够全面，无法满足大数据分析要求，对业财融合的推进造成了一定的阻碍。

（4）业财融合缺乏有效的融合点。

由于很多企业的业财融合由财务部门主导，所以大多是在财务层面进行调整，可以在财务工作开展的过程中实现业财融合。但在这个过程中，很多企业因为无法准确把握业财融合的融合点，导致业财融合无法达到预期的效果。

（5）业财融合人员综合素质较低。

业财融合需要业务人员以及财务人员相互配合才能实现，但很多时候，部分人员综合素质比较低，无法满足业财融合的实际需求，或者彼此之间的合作意愿比较低，导致业财融合得不到有效推进。

业财融合背景下的成本管控策略

为了在业财融合的背景下做好成本管控，企业需要做好以下几项工作。

（1）建立完善的业财融合管理机制。

企业要围绕业财融合建立完善的管理机制，例如，要求业务人员、财务人员以及管理人员在每月最后一天共同召开月末总结会，汇报业财融合的进展，对表现优异的部门和个人进行奖励，以激发员工参与业财融合的积极性。

（2）将财务深度融入业务中。

管理者要想让财务深度融入业务，首先要抓住业财融合的重点。为了做好成本管控，企业要做好项目预算与合同管理，对各类资源的消耗情况进行统计与分析。因此，企业可以围绕这些事项推进业财融合。其次，相关人员要对企业的项目类型进行分析，了解材料的使用权限，明确责任标准，加强管理，避免浪费，借此推进业务与财务的深度融合。

（3）建设企业信息化业财融合体系。

前面提到业财融合需要借助信息技术来实现，所以企业要加大资金投入力度，构建业财融合体系，具体来看要做好以下五点，如表 14-1 所示。

表 14-1　企业信息化业财融合体系建设的五大措施

序号	具体措施
1	企业要利用信息技术搭建信息管理平台，对业财融合工作进行统一管理，加强业务部门与财务部门之间的沟通和交流，对相关数据进行沉淀、积累，为企业的经营发展提供科学支持
2	企业要基于信息管理系统，围绕业财融合的重点，引入相关的硬件设备与软件系统
3	管理者要对合同进行分类管理，明确各个合同的责任人，以做好风险管控
4	企业要利用大数据技术创建数据分析模型，以便对业务进行科学评估
5	在推进业财融合的过程中，企业既要收集财务数据与业务数据，也要做好数据管控，建立数据安全管理系统，保证业财融合安全推进

（4）完善预算管理工作。

企业要根据自身的实际情况，结合外部的市场环境建立健全预算管理制度，建立一个涵盖所有业务的预算管理框架与预算管理指标体系，将所有预算指标纳入其中，并面向所有业务开展预算，将预算执行情况与部门绩效和个人绩效挂钩，保证预算管理工作可以按计划推进。

（5）建设复合型人才队伍。

企业要建设一支复合型的人才队伍，通过定期培训做好内部人才培养，丰富业务人员以及财务人员的知识体系，让业务人员了解财务知识，让财务人员了解业务内容，为业财融合下的成本管控提供人才支持。

在财务数字化转型的背景下，业财融合已经成为一种必然趋势。业财融合背景下的成本管控不仅需要财务部门的努力，还需要业务部门以及销售部门的配合，最终通过对财务数据的分析来洞悉业务的开展情况，降低企业的运营成本，提高企业的整体竞争力。

04　企业财务人员的转型与思考

让业务部门了解业财融合

企业在推进业财融合与数字化转型的过程中，管理者和主要业务负责人都非常关注业务绩效、财务指标、预算达成率等数据，因为这些数据不仅是相关人员工作能力的体现，更是企业数字化转型成果的体现。因此，要想推进业财融合，企业必须先让业务部门了解业财融合，让业务部门明白业务与财务的发展是息息相关的，实现业务部门与财务部门的高效联动是提升数字化建设效率的有效手段。这样的认知对企业数字化建设具有重要的推动作用。

做数字化转型“司机”

企业开展数字化转型的目标是通过降本增效，实现企业的可持续发展。而降本增效的成效如何，需要通过财务部门的绩效及关键财务指标来体现。财务部门的职能通常包含价值衡量、价值守护、价值保护、价值创造等，其主动推进业财融合与数字化建设，能够对企业数字化转型起到良好的指挥、引领和协调等作用。因此，财务部门应当主动承担起企业数字化转型“司机”的责任，充分发挥职能，打通企业所有的业务部门，引领企业走向数字化转型的“快车道”。

"斜杠青年"为企业赋能

"斜杠青年"是指"拥有多重职业和身份的多元生活的人群"。在推进业财融合和数字化转型的背景下，企业将"斜杠青年"引入财务领域，就是要求财务人员同时掌握财务语言、业务语言、数字化语言三项功能，强化自身综合能力。财务人员可以从管理会计知识体系中学习信息建设、数字化系统、数据分析、低代码平台等知识，以提升自身的数字化技能。

同时，财务人员应当拓宽眼界，从全局角度看待业财融合。由于财务数据涵盖企业经营的所有流程，因此，财务人员应当具备全局分析能力，从整个企业乃至整个行业的角度对问题进行宏观、全面、深刻的审视，从而更好地推进业财融合。

此外，专业咨询机构的作用也不容小觑，企业应当适当"借力"。专业咨询人员能够站在局外人的角度看待问题，结合企业的实际需求和行业最佳视角，为企业提供合适、有效的解决方案，帮助企业创建合理的业财体系和机制，为推进业财融合和数字化转型奠定良好的基础。

综合来看，对于数字化转型来说，业财融合是重要的、有效的手段。因此，企业要创建业财融合的管理模式，鼓励财务人员增强自身的综合技能，同时利用数字化手段，通过"合纵连横"的方式，实现财务数据和业务数据的融合和统一，让管理者通过数据分析制定科学、有效、易于执行的策略，以更加高效地实现数字化转型。

05　海尔集团：从财务共享到业财融合

作为一家分公司遍布世界各地的大型跨国企业，海尔集团在财务管理方面面临着很多问题，具体包括财务核算标准不统一，获取的财务信息比较繁杂，总部获取子公司的财务信息需要消耗较长时间，信息获取效率比较低、成本比较高，获取的信息时效性比较差等，对企业决策造成了不良影响。

为了解决这些问题，从2006年开始，海尔集团开始推进财务管理部门变革，将财务管理分为3个模块。2007年5月，在全球化战略背景下，海尔集团明确了“规划未来，引领双赢”的战略定位，按照“集中的更集中，分散的更分散”的原则推进财务共享服务中心建设，推出“人单合一”的业财融合模式，为财务共享打造了一个典型案例。

下面我们从实施架构、业财融合成果、财务职能再定位3个方面对海尔集团实施业财融合的路径进行探究。

财务共享服务的实施架构

首先，海尔集团在全球价值信息系统内创建了自己的财务系统，统一了总部与分公司共用的专用会计科目表，促使财务核算过程实现了统一。在业财融合模式下，企业颠覆了传统的财务流程，可以动态获取财务信息，对财务信息进行实时分析与反馈，签订财务共享服务协议。

海尔集团财务共享服务协议对双方需要承担的责任与义务、会计处理的时间约束与质量要求、收费标准、付款方式等做出了明确规定，并对财务共享服务中心、成员单位业务部门以及成员单位财务部门的权利与义务做出了明确界定，以减少不必要的纠纷。

海尔集团通过财务共享服务建立了十大类120个标准化子流程，服务范围涵盖了600多家法人公司，并打造了“云+端”的管理模式，将会计资源集中到财务共享服务平台进行集中管理与共享。

业财融合成果显著

在业财融合模式下，海尔集团对财务人员进行精细化管理，将财务人员细分为业务财务、共享财务与专业财务三种类型，其具体职能如表 14-2 所示。

表 14-2 三类财务人员的具体职能

财务人员的类型	具体职能
业务财务	业务财务位居前端，需要深入业务部门，协助业务团队对市场需求、市场总量做出全面了解，采用预算差异分析法对财务状况进行分析，显示差异，为事后分析提供参考
共享财务	共享财务位于后端，需要对各种交易进行集中处理与风险管控，对各类财务信息进行高效传递，以切实提高资源配置效率与效益
专业财务	专业财务的主要职能是创建专业的财务模型，针对不同的业务打造专业的解决方案

海尔集团采取“人单合一”模式，打造一个利益体，一个利润中心，让每个财务人员成为自己的首席执行官，将每个个体与业务订单相融合，切实提高员工的价值创造能力，让员工为企业创造更多价值。

海尔集团打破科层组织结构，构建了以小微团队为基本利润中心的组织结构，并依托财务共享服务平台促使各类信息实现了无障碍沟通与交流，极大地提高了数据传输速度与效率，使利益相关方可以高效地传输各类信息。

财务职能再定位，进行战略升级

海尔集团重新界定了财务部门的职能，推动财务人员进行供给侧结构性改革，按照需要匹配岗位，对财务人员的各项工作职能做了全新的界定。财务改革之前，海尔集团大约有 1400 名财务人员，其中会计核算人员大约有 1100 人，财务管理人员大约有 300 人；财务改革之后，海尔集团的财务人员削减到 1040 人，其中负责开展预算及内部控制、提供资金及业务支持的财务管理人员大约有 800 人，负责进行会计核算的财务管理人员大约有 240 人。

第 15 章
落地法则：数字化时代的业财融合

01　战略升级：数字化财务思维变革

在数字化时代，人工智能、云计算、大数据、区块链等新技术实现了快速发展，这些新技术在财务管理领域的渗透应用对财务管理变革产生了积极的推动作用。在这种时代背景下，几乎所有企业都在思考如何利用这些新技术创新财务管理模式，推动业财融合，拓展数据治理的深度与广度，推进管理模式与体系不断更迭，实现企业的战略目标。

目前，很多企业的业财融合都是从财务角度出发的，但如果深入分析就会发现，业财融合的原动力其实来自业务经营需求。业财融合可以提高数据的透明度，支持业务人员或者财务人员通过数据分析获取所需信息，还可以提高风险的管控水平，助力企业提高经营效率，对经营风险进行有效防范。

多元化+多层级：因地制宜推行业财融合

近几年，数字化转型浪潮席卷全国，使得企业的经营范围不断拓展，业务形态不断丰富。在数字化转型背景下，企业要站在多层级视角，采用多元化经营、多系统融合的方式全面推进业财融合。

（1）多元化经营。

大型企业的业务种类比较多，而且经常变化。为了营造一个良好的经营环境，企业各业务线之间必须相互协同，实现同步发展。为了实现这一目标，企业的财务部门、业务部门必须共享信息，提高企业经营情况的透明度，为经营方案调整、战略决策制定提供强有力的支持。

（2）多层级视角。

不同的管理者对业财融合提出了不同的要求。企业最高管理者希望各部门可以公开自己的经营状况，使企业的整体经营状况变得可见、可控，最终实现资源协同，为企业决策与管理提供有效的支持。财务部门的管理者则希望深入了解业务部门的运营情况，做好事前预测与事中控制，通过为投资决策提供支持来提高部门价值。业务部门的管理者则希望部门人员能够了解企业整体的经营状况，增强风险意识，提高业务创造价值的能力。

（3）多系统融合。

业财融合伴随着端到端的系统融合与流程建设。业财融合可以划分为方法的融合和工具的融合，而仅凭传统的 ERP 工具无法实现，需要搭建数字化信息系统，对不同板块的需求做出及时响应。

破壁垒+通数据：解除业务发展困局

实现业财融合的原因多种多样，而驱动业财融合的路径只有一条，就是自上而下的改革。具体来说就是，企业管理者在经营过程中发现业务流程中的断点，并着力进行改革。对于企业来说，业财融合的实现可以解决两大问题。

（1）部门之间存在严重的壁垒。

大型企业因为业务比较多，为了对各项业务进行精细化管理，设置了很多部门以及管理层级，从纵向与横向两个维度将企业划分为不同的板块，各个板块之间存在巨大的沟通壁垒。在企业的组织架构中，业务部门位于前端，财务部门位于后端，两个部门很难沟通交流，也没有一致的发展目标。

（2）数据时效性较差，业财数据实时传输不畅。

在数字化时代，虽然业务部门与财务部门产生的数据量大幅增长，但两个部门记录数据的标准、维度、口径都不统一，导致两个部门的数据无法实现实时传输，也无法实现充分挖掘，给部门协同以及企业的集约化管理造成了一定的困难。

如果这两个问题得不到妥善解决，久而久之就会对企业的经营管理造成严重制约。为了避免这种情况发生，企业要积极变革，推进业财融合。

控风险+创价值：业财融合助力企业经营

业财融合要从整个行业的角度出发，考虑不同企业的差异化需求。具体来看，业财融合的价值观主要体现在以下 3 个方面。

（1）提高风险防范质量。

在风险防范方面，财务部门有先天优势。因此，企业的业财融合路径总是将财务管理向业务端延伸，通过事前预测、事中管理以及事后控制，对风险进行精准预测，立足于财务管理的角度对利润、成本、资金等事宜进行综合考虑，从而提高风险管控质量与效率。

（2）创造更高利润。

过去，业务人员在绘制客户画像时没有考虑财务属性，导致客户画像绘制不准确。而业财融合更有针对性，可以利用大数据技术收集客户所在行业的信息以及收入信息，完善客户画像，为客户政策调整提供依据。这样一来，业务部门积累的客户信息质量以及所创造的收益都将大幅提升，可以为企业创造更多利润。

（3）明确企业发展方向。

受种种原因的影响，企业高层管理者很难实时掌握企业的经营动态情况，例如，资金状况、后续可能发生的开支等。实现业财融合之后，财务部门与业务部门相互协作，将财务数据转化为合同信息，可以为管理者了解企业发展动态提供便利。

其实，从ERP时代开始，业财融合就已经引起了管理者的广泛关注。但因为业务数据统一存储在ERP中，管理者只能通过预算对业务进行管控，只能通过财务报表对业务人员的绩效进行考核，无法满足业财融合需求。直到近几年，大数据、人工智能等技术取得了重大突破，业财融合才有了新的发展空间。

02　数据融合：实现业财融合的关键

在业财融合的过程中，企业要做好数据治理工作，这是业财融合的重要基础。但数据治理并不简单，其结果必须清晰、准确，能够满足管理需求，对业财融合的实现起到积极的驱动作用。从某种程度上说，企业解决了数据问题，也就解决了业财融合流程方面的问题。

设计业财数据标准化体系

数据治理最大的挑战在于数据的标准化。数据的标准化不仅要做到数据本身的标准化，还要实现数据选择、数据迭代、数据共享口径等的标准化。具体来看，业财数据标准化体系设计要遵循以下三大原则，如表 15-1 所示。

表 15-1　业财数据标准化体系设计的三大原则

原则	具体内容
数据选取要全面	数据之间存在天然联系，所以管理人员在选取数据时不能直接将看似不需要的数据剔除，以免在对数据进行全生命周期管理时遇到问题
数据要实时更新	数据不是一成不变的，而是在不断变化，即便将数据存储起来，相关人员也要利用技术手段对数据进行更新，为此有必要探索数据的产生规律
数据要高度共享	数据之间存在密切联系，基于同样的活动因子产生的数据都能追根溯源，这就要求数据要实现高度共享

明确业财数据标准化迭代机制

很多企业构建数据体系时抱有一次性解决数据治理面临的所有问题的想法，但这种想法根本无法实现。企业变革要遵从自身习惯，基于之前的数据管理体系构建新的数据管理体系，如图 15-1 所示。

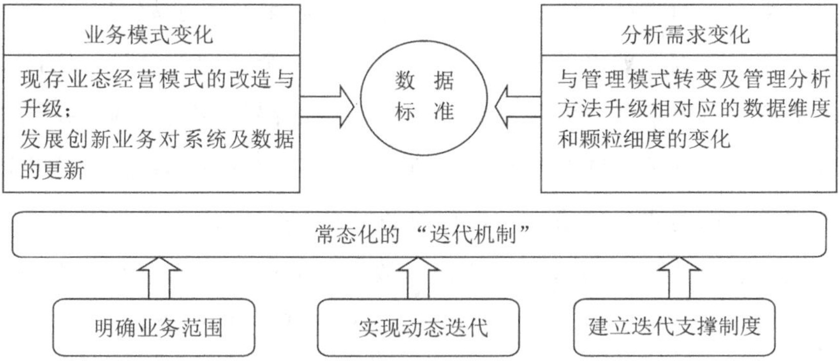

图 15-1　数据管理体系常态化迭代机制

第一，明确业务范围。企业要为数据标准迭代管理指定责任人，明确各方的工作职责，制定标准化的数据管理流程，让数据治理理念深入业务部门管理者与员工的思想，引导他们将数据治理视为一项行为准则。

第二，实现动态迭代。企业要围绕数据标准迭代制定规范的管理流程，提高数据迭代效率。

第三，建立迭代支撑制度。企业要建立迭代支撑制度，明确数据迭代原则，制定数据迭代指南，为业务部门以及财务部门的数据标准迭代提供科学指导。

建设数据管理体系

数据管理需要管理者站在全局化的视角，规划建设数据管理体系。在这个过程中，管理者要做好以下两点。

第一，符合原来的数据管理习惯。企业生产经营的各个环节都会产生大量数据，在数据管理过程中，财务部门承担着主要职能。如果企业的数据管理体系完全颠覆之前的模式，不考虑企业的管理习惯，将对数据管理体系的搭建造成严重制约。

第二，抓重点、抓成效。企业各个部门都会产生数据，也都需要数据。数据治理以及相关能力的培养是一个长期的过程，不能一蹴而就。具体来说，就是不能要求所有员工都具备强大的数据治理能力，都能够基于现有的数据管理流程或者数据管理系统达到更高的要求，而是要抓住重点，循序渐进地解决问题，让部门管理者以及员工逐渐熟悉数据管理文化，对数据价值产生深刻认知，借此提高数据治理的质量与水平，通过数据治理获得长期的效益。

03 财务中台：业财融合转型升级的载体

业财融合涉及的数据大多是企业经营管理过程中产生的数据，

也就是内部数据，即便使用外部数据，也是为了能够基于外部市场以及竞争对手的情况对自身情况做出准确判断。因此，业财融合涉及的数据比企业产生的数据规模要小很多，可以凭借现有的技术手段进行有效处理。

但业财融合对数据逻辑校验提出了比较高的要求，尤其是在业财融合的过程中，大量数据信息相互交互并建立了动态关联。因此，管理者要围绕业财融合流程管理建立配套的信息基础设施，同时提取业财融合过程中流通共享的数据，对数据进行加工处理，将其转化为企业的重要资产。

在这种情况下，财务中台划分出了业务中台与数据中台，其中业务中台主要负责对业财融合流程进行线上处理，数据中台主要负责对业财融合过程中流通共享的数据进行治理与应用。随着企业财务中台建设的不断深化，在业务中台和数据中台之外还出现了技术中台，下面对这三大中台进行具体分析。

财务业务中台

财务业务中台支持管理人员对财务、业务进行统一管控，对业财融合流程进行集约化处理，包括确认企业的各项收入、处理账单、追踪催款、回款核销等。但要想真正实现财务业务中台的统一接入，对业财融合的核心流程进行处理，必须打造一个标准化的共性流程，以提高业务财务处理的自动化水平。

财务数据中台

随着企业管理越发精细化，无论财务领域还是非财务领域都会产生大量数据，这些数据为企业的日常经营管理提供了强有力的支持。这些数据看似独立，实则存在一定的计算逻辑。管理者无论将其输入哪一个固定的套装软件或者管理系统模块进行频繁计算，都会对系统功能造成影响。同时，这些数据具有复用性，允许相关人员根据需要进行重复调用。

数据的计算与使用需要通过数据中台来完成，为此，企业要搭建数据中台，并将数据中台的作用充分发挥出来。在这个过程中，财务管理人员可以表述自己对于业财融合的需求，参与数据中台的规划与建设。

财务技术中台

目前，企业的财务中台建设通常会使用微服务架构，并辅之以低代码开发的方式来完成，在满足应用系统快速开发需求的同时，对应用系统的迭代升级起到积极的推动作用。如果企业没有类似的技术平台，在建设财务中台的过程中就要添加一些技术中台的功能。

同时，考虑到财务业务的种种特点，企业在建设财务中台时要考虑财务业务的特殊需求，既要满足财务业务敏捷开发的需求，又要对业务需求进行分解，明确财务中台的运行规则。从某种程度上说，财务技术中台是支持财务中台高效运转的重要组成部分。

综上所述，对于业财融合来说，财务中台是一个非常重要的工具，不仅要与企业所处的 IT 环境相契合，而且要求功能更加完善，各项功能的划分更加清晰，同时各项功能可以有序衔接。

近几年，很多大型企业建设的财务共享服务平台普遍具备上述功能，即便功能不完善，也已经有了大致的模样。但在实践过程中，企业的业财融合不是必须创建一个独立的财务平台，并对平台功能进行严格划分。对于业财融合来说，最重要的是要促使各类数据高效流通，对业务需求做出快速响应，从数据中提炼出有价值的信息为决策提供支持，促使各类业务活动实现顺畅流转。

所以，财务中台不是一个简单的信息系统，而是集成了先进的管理理念与实践方法，能对集团的业务协同产生积极的推动作用的平台。因此，在实现业财融合的过程中，企业要打破各部门之间的壁垒，创建一个扁平化的组织结构，促使各部门实现一体化协同，进而推动企业实现数字化转型与升级。

04　美的集团：业财融合的实践路径

传统的企业财务管理虽然可以出具一份符合规范的、可以公开披露的财务报告，但报告中的内容无法对管理者决策形成强有力的支持。

企业传统的财务管理具有一定的滞后性，采用的是事后管理方法，导致业务与财务脱节，财务报告无法真实地反映企业的财务状况。那么，企业应该如何让业务与财务建立联系，并通过财务报告将业务开展情况真实地反映出来，以便为企业决策与控制提供强有力的支持呢？

解决这一问题的关键就是推进业财融合，而实现业财融合的关键在于业务拉通，也就是将市场份额、离职率、次品率等业务变量转化为收入、利润、现金流、资产、负债等财务变量，指导企业开展科学管理。

为了实现业财融合，美的集团打造了一个财务共享服务平台，下面对该平台进行具体分析。

美的集团财务共享服务平台以前端业务拉通集成与统一的核算平台为基础，通过前端的交易、对账、发票、付款等环节采集数据，产生了大量数据资源，并将这些数据统一存储到数据平台，采用整理汇总、合并抵消、口径转换等方式对数据进行处理，并将数据处理结果展示出来。

美的集团按照统一的报表格式以及指标体系创建分析模型，打造财务统一数据以及报表平台，编制报告，提供标准的财务会计以及多维度成本盈利分析等服务，为信息披露、企业管理以及企业决策提供强有力的支持。美的集团以财务共享统一数据平台为基础创建了多维度指标分析体系，并将数据分析结果通过大数据平台展示出来。

美的集团财务共享服务平台统一流程，在关键环节进行信息埋点，让财务规则渗透到关联交易的全过程，为月结对账以及经营分析奠定坚实的数据基础，将财务报告出具时间缩短了 1~2 日，不仅可以出具基于法人架构的财务报告，还能出具基于管理架构的管理报表，实时出具经营预算执行报告，辅助管理者对各项预算执行情况进行实时监控，为管理赋能。

第 16 章
基于业财融合理念的应收账款管理

01 企业应收账款管理中存在的问题

在企业的财务管理中，应收账款管理是一项重要内容，对企业的经济效益有着直接影响。很多企业的应收账款管理是由财务部门负责的，没有业务部门参与，导致应收账款与实际营收情况相背离。下面我们从业财融合的角度出发，对企业应收账款管理领域存在的问题进行具体探究，并提出科学的解决方案。

应收账款指的是企业在正常经营过程中因销售商品、提供劳务等活动，应向购买单位收取的款项。业务部门的应收账款与财务部门的应收账款存在一定的区别，具体分析如下。

业务部门的应收账款是基于已经签订的合同与协议，针对付款期与付款方式产生的，与业务部门联系紧密，却不受业务部门的影响。财务部门的应收账款指的是业务开展到一定程度应该收取的款项。二者的区别主要表现在应收账款时间确定方面。

业务部门在与客户签订合同时，会对预付款、进度款、尾款做出明确规定。如果客户按照合同要求付款，业务部门就不需要催收；如果客户没有按照合同要求付款，就会产生应收账款。而财务部门是按照业务开展进度来确定应收账款的。二者之间存在时间误差。

在企业财务管理的具体实践中，应收账款管理主要存在以下几个问题。

缺乏科学的内部控制机制

在企业的财务结构中，应收账款是一项非常重要的内容。但在实际的应收账款管理中，企业没能结合自身的实际情况建立一套科学且完善的内部控制机制，没能对业务部门与客户签订合同的全过程进行有效管理，没能及时发现财务人员在记账收款时所登记的信息存在的误差，容易引发各种风险。

如果客户拖欠账款的时间比较长，并且没有合同文件作为收款依据，会在很大程度上增加账款回收的难度。即便企业想拿起法律武器维护自己的合法权益，也会因为缺乏证据而无法实现，导致资金回流问题变得非常严峻。另外，还有很多企业没有制定有效的绩效考核机制，或者制定的绩效考核机制不符合实际情况，进而引发诸多问题。

例如，销售人员为了促成交易，增加业绩，经常允许客户赊账，导致企业的应收账款越来越多。如果收账不及时，或者账款无法收回，就会诱发各种风险。如果企业没有建立内部控制机制，或者内部控制机制存在问题，也会催生坏账、呆账，危及企业的健康发展。

没有树立管理意识与风险意识

在应收账款管理方面，如果企业没有树立科学的管理意识与风险意识，没有制定完善的管理机制，就会在很大程度上增加账款回收风险，导致坏账、呆账产生，甚至使企业资金无法正常流转，相关业务无法正常开展，严重情况下还会导致企业破产。

企业应该为应收账款管理设置专门的部门、安排专业的人才，实现专项管理。如果缺乏专业的管理人员，将导致企业的应收账款管理流程不规范，某些环节不符合要求，应收账款管理工作无法持续进行。负责管理应收账款的员工离职之后，如果企业没有及时安排员工接替这项工作，将可能导致应收账款管理工作中断，重要证据丢失，进而引发一系列问题。

如果企业部分管理人员不太重视应收账款管理，一味地关注如何扩大经营规模、增加收益、扩展客户群体，甚至为了追求业绩大规模采取赊销模式，将导致应收账款数额急剧增长，账款回收难度越来越大，给企业发展埋下诸多隐患。

信用管理不到位

应收账款是伴随着赊销行为出现的，而赊销是发生在企业与客户之间的一种行为。在决定向客户赊销之前，企业应该对客户的信用情况进行核查。如果客户信用情况不好，企业要拒绝赊销。如果企业跳过信用核查这一环节，向客户无差别地进行赊销，就会出现账款回收不及时或者无法回收的问题。

近几年，在各种先进技术的助力下，我国信用体系不断成熟、完善，为信用核查提供了极大的方便。但仍有很多企业因为没有及时对客户信用进行核查而发生坏账、呆账、三角债，不仅使自身外部形象受损，而且给其经营发展带来巨大的危机。为了解决这一问题，企业要在内部成立信用管理部门，或者与第三方征信管理机构合作，及时对客户进行信用核查，以减少不良应收账款的出现。

02　强化监管：完善内部控制机制

目前，我国企业的应收账款管理存在很多问题。在业财融合的背景下，企业要想解决这些问题，必须提高对应收账款管理的重视程度，完善内部控制机制，加强对应收账款的监督与管理，完善事中控制，打造业财融合新合力，通过这些措施提高应收账款管理质量与水平，减少坏账、呆账、三角债等情况的发生，保证企业的经济安全。

在业财融合背景下，企业的内部控制机制不仅要为财务部门服务，还要为生产、经营、销售等多个部门服务。企业要树立正确的内部控制意识，遵循与时俱进的基本原则，结合企业的实际情况建立健全内部控制机制，做好应收账款管理。

企业想要实现业财融合，需要结合应收账款、内部控制等要素制定系统、完善的绩效考核机制，激发业务部门与财务部门融合的积极性与主动性。如果业务部门或者财务部门出现坏账、呆账，管理者要按照绩效考核机制合理划定责任人，并采取相应的措施给予惩罚。

企业的应收账款管理要做好监管，具体来看要做好以下 4 个方面，如表 16-1 所示。

表 16-1　企业应收账款管理的 4 个方面

序号	管理内容
1	业务人员在允许客户赊账之前，要了解客户的信用情况，并对应收账款的额度进行预估，明确账款收回时间。如果经调查发现客户存在信用问题，业务人员要拒绝赊销
2	为了保证企业的资金安全，业务人员可以购买信用保险，避免账款回收不及时使企业蒙受经济损失。如果企业的某些应收账款超过了规定时间仍未收回，或者信用日期较长，业务人员要根据实际情况选择账龄分级催收模式，也就是按照应收账款发生的时间长短进行分级催收
3	企业要完善信用审查机制，对客户信用进行审查，明确其信用标准。如果发现客户存在信用问题要及时驳回其赊账申请，同时组织业务部门与财务部门联动，做好账款的催收工作，保证所有账款全部回收。如果客户欠款额度较大，并且拒不偿还欠款，业务人员或者财务人员要采取法律手段催收

续表

序号	管理内容
4	企业要完善核对机制，定期对应收账款进行核对，以免出现呆账、坏账，同时对客户支付账款的情况进行跟踪、核对，发现账目不符要及时查明原因，采取有效措施进行处理，保证应收账款金额的准确性

03　事中控制：打造业财融合新合力

完善财务事中控制

应收账款管理还要做好事中控制，具体来看就是要做到以下几点。

（1）在合同实施阶段，财务人员要制定账龄分析表或者应收账款台账，对各项业务进行逐一核对，保证账目准确无误，还要根据合同内容对应收账款进行跟踪管理，对台账内容及时更新，对合同履行情况做出精准把握。在履行合同的过程中，业务部门要实时把握行业市场变化，收集客户信息，与客户沟通交流，全方位收集信息，了解客户的信用资质。

（2）业务部门与财务部门要对各类信息进行共享。财务部门要遵循基本的工作原则，围绕应收账款管理做好事前决策、事中控制、事后核算，计算得出应收账款的周转率，保证流动资金处于正常水平，并对可能出现的坏账做出预判，为绩效考核奠定良好的基础。另外，绩效考核部门与财务部门要增进沟通与交流，尽量避免应收账款逾期的情况发生，保证所有应收账款都能按期收回。

（3）随着社会的不断发展，人工智能、互联网、大数据等新技术层出不穷，应收账款管理可以利用这些新技术减少一些重复性工作，提高工作效率。例如，财务人员可以利用大数据技术对应收账款进行管理，及时发现逾期不还的账款，提醒相关人员追索；还可以利用人工智能技术对客户的信用情况进行评判，帮助财务人员针对是否允许赊账做出科学决策，尽量降低发生坏账、呆账的风险。

打造业财融合新合力

赊销虽然可以在短时间内提高企业的经营业绩，促进销售，但从长期看，应收账款的增加会给企业造成巨大的经济压力，尤其是如果这些应收账款无法及时收回，就会使企业蒙受巨大的经济损失。目前，解决这一问题最好的方式就是实现业财融合。

在业财融合的过程中，企业要立足于宏观视角对自身的发展现状以及行业的发展情况进行预测，如果判定未来的销售发展空间比较大，应收账款的安全性比较高，就可以适当放宽收款信用政策，反之就要尽量避免赊账。另外，为了做好应收账款管理，企业还要明确管理重点，结合实际的经营情况制定完善的信用政策。

财务人员在制定信用政策并监督其执行时要考虑这些政策能否推动业财融合。业务部门要主动配合财务部门增强风险防控意识，转变观念，做好事前规划，增进部门间的融合与协作，创新业财融合模式，提升企业的经济价值。

总而言之，在业财融合背景下，企业面临着很多问题，包括财务部门经常犯一些常规性错误，业务部门的参与度不高等。为了做好应收账款管理，企业要全面推进业财融合，对业财融合面临的各种问题进行全面分析，制定合理的方案予以解决，减少呆账、坏账的发生，保证企业的资金安全。

第六部分　数字化会计

第 17 章
数字化会计：驱动财务部门智能化升级

01 数字化会计：从电算化到智能化

随着数字化浪潮席卷全球，全球经济发展速度急剧提升，社会生活节奏明显加快。在这一背景下，技术、产品的生命周期显著缩短，市场竞争随之加剧，传统的粗放型经济增长方式已经不再适用。

近年来，以大数据、人工智能为代表的新一代信息技术迅速发展，并在各行各业得到了广泛应用，掀起了传统行业数字化、智能化转型的热潮，推动经济社会进入“数据大爆炸”时代，对进一步解放人类的体力和脑力，全面实现智能化产生了积极的推动作用。

财务领域的各项业务都与数字有关，天然适合开展数字化、智能化转型。在企业数字化转型的过程中，生产运营的效率和智能化程度不断提升，传统的财务核算已经无法为其提供良好的支持，亟须进行数字化、智能化转型。同时，财务人员也应当积极学习，提升自身的数字化技能，把握机遇主动向管理会计转型，全面支持企业的运营决策，改善企业的经营管理。因此，在社会经济环境、信息技术以及企业内部运营三方面的影响下，财务数字化、智能化转型成为必然选择。

会计与技术的融合贯穿了计算机、互联网以及人工智能发展的全过程。随着会计与人工智能、大数据、云计算等新一代信息技术的深度融合，会计数字化应运而生。具体来看，会计数字化主要经历了3个发展阶段，分别是会计电算化、会计自动化和会计智能化。

会计电算化阶段

自会计行业诞生以来，会计核算主要依靠人工完成，不仅核算效率比较低，而且准确性比较差。从20世纪中叶开始，随着计算机技术与会计行业深度融合，会计电算化开始快速发展，在此阶段产生了两项比较有代表性的技术，分别是计算机运算技术和电算化软件运算技术，其在会计领域发挥的作用如下。

- 以自动化取代了传统的手工核算，颠覆了传统的会计处理方式，促使会计账簿登记和后端会计报表编制实现了自动化，解决了会计核算中端和后端的两大难题。
- 极大地提高了数字处理的效率与准确率，减少了会计人员在数据处理领域投入的时间与精力，催生了数字化会计的雏形。

会计自动化阶段

在会计自动化阶段，会计系统与互联网技术深度融合，促使企业各部门，企业与供应商、客户、服务商、税务、工商以及统计单位之间的数据实现互联互通。在自动化财务系统的支持下，自动化软件承担了很多简单的会计核算工作，将会计人员从简单但烦琐的工作中解放出来。

自动化财务系统极大地拓宽了会计数字的边界，切实提高了会计数字的流动效率，一些大型企业数字化会计的主体架构基本形成。这个阶段出现了两项比较典型的自动化技术，一是 API，二是机器人流程自动化。

在 API 技术的支持下，银行与企业、税务与企业、商旅系统与费控系统可以实现互联互通，客户关系管理系统、合同管理系统以及会计核算系统可以实现信息交互，促使各个开放系统相互集成，实现外部系统的连接。机器人流程自动化技术主要包括各类机器人，例如，自动对账机器人、自动合并报表机器人等，其可以促进封闭系统的交流互动。

相较于会计电算化来说，会计自动化在数据检索与记录、平台上传与下载、图像识别与处理、数据加工与分析、信息监控与产出等方面具有非常强大的功能，可以切实提高财务处理问题的效率，降低财务核算成本，实现 7×24 小时全天候值守，为财务计划快速、准确、及时地落地提供了强有力的支持。

会计智能化阶段

随着人工智能、大数据、云计算等技术的快速发展，财务进入智能化发展阶段。智能化主要以机器自主学习和深度学习为基础，其核心是可以像人脑一样思考。智能化财务机器人集成应用了很多技术，包括卷积神经网络算法、光学字符识别技术、自然语言处理技术、智能管理技术、机器学习和生物识别等技术，可以对票据进行自动审核，开展智能审计，对供应商关系进行管理，提高智能审核能力等。

初级阶段的财务智能化是按人类设定的规则采集数据，对数据进行加工、处理，解决数据运算问题；进入高级阶段之后，智能财务机器人会具备自主学习能力，可以自主设计流程和规则，解决复杂的数据问题。

总而言之，在会计数字化发展的这 3 个阶段，会计的数据处理能力不断提升，现代会计的数字化特征表现得越来越明显。

02 新技术驱动的会计数字化

人工智能、云计算、大数据等技术在会计行业的应用推动了会计行业开始数字化转型，驱动了数字化会计开始快速发展。目前，一些大型企业基本完成了数字化会计的基础设施建设，数字化会计的特征开始显现，这些特征主要表现在以下 3 个方面。

数字化信息系统的形成

传统的会计核算表现出自上而下的特点，工作内容比较简单。但随着自动化、智能化技术在会计领域的深入应用，可以收集、加工、处理海量信息的财务信息系统逐渐代替原有的会计核算系统。这个新型的财务信息系统主要由合同管理系统、发票管理系统、电子档案系统、财务运营系统、会计核算系统和资金管理系统组成，覆盖了财务数据识别、收集与存储，以及信息开发、测试与沟通等环节。

财务信息系统建设无法一蹴而就，所以不同企业的财务信息系统建设处在不同的阶段，具体包括电子处理系统建设阶段、部门内信息集成阶段、企业内过程集成阶段以及企业间过程集成阶段。

在财务信息系统的支持下，企业与供应商、客户、银行、商旅之间可以自动传输财务数据，重塑财务业务的流程与组织模式。最终实现内外互通、部门互联的财务信息系统将取代功能单一的会计核算系统，形成会计数字化的信息系统。

数字化组织架构的形成

在数字化组织架构形成的过程中，财务共享服务中心建设发挥着重要作用。全球第一个财务共享服务中心出现在 20 世纪 80 年代，是由福特公司建立的；中国第一个财务共享服务中心出现在 2005 年，是由中兴通讯建立的。2005—2019 年，在我国现有的 96 家央企中，有 32 家企业建立了财务共享服务中心。

企业财务共享服务中心对基础性、标准化、重复性强的业务进行集中管理，将会计人员集中到一起，按照同一个标准进行规模化核算，对财务信息进行集中管控，颠覆了传统的会计核算模式，并对财务流程进行了重构。

除了率先建设财务共享服务中心之外，中兴通讯还在 2008 年提出了三级财务架构模式，即“战略财务、业务财务、共享财务”。自此之后，我国越来越多的大型企业开始效仿中兴通讯，摒弃原有的分散型财务架构以及垂直型财务架构，搭建三级财务架构，形成会计数字化的组织架构。

在三级财务架构模式中，共享财务通过对企业的基础性会计数据进行收集、整理、分类、分析、归档等，提取出有价值的会计信息，为业务财务以及战略财务提供海量信息支持。

企业大数据中心的形成

在数字化时代，企业的财务工作就是采集、处理大量数据，包括业务数据、资产数据、网上数据、税费数据、合同数据等，并且要利用算法和模型对数据进行清洗、提炼、关联与融合，用可扩展商业报告语言和可视化技术将数据处理结果呈现出来。

目前，企业正处在数字化发展阶段，并逐渐向数字化企业转型发展。在企业数字化转型的过程中，企业的财务管理也将从小数据处理向大数据算法演变，发展出数字化财务。在此阶段，财务管理人员不仅要出具会计报表，而且要利用数据绘制客户画像，展示供应商网络，对企业、员工以及供应商的行为进行深入分析，驱动财务数据中心向企业大数据中心转型，将财务部门打造成企业的大数据中心。

03　数字化会计的三大重要领域

数字化会计不仅要实现会计信息的数字化，对会计信息进行自动化、智能化处理，而且要广泛收集会计信息，提高会计信息中数字化的含量。目前，对于会计行业来说，数字化已经成为大势所趋，而会计数字化的起点与核心都是数据。随着票据电子化技术、条码技术、物联网技术的快速发展，会计将进入全面数字化时代。

业务信息数字化

根据国务院办公厅《关于进一步优化营商环境　更好服务市场主体的实施意见》（国办发〔2020〕24 号）的要求，我国在 2020 年底之前基本实现了增值税专用发票的电子化，同时自动办公系统、自动生产管理系统等也在企业实现了广泛应用，推动了企业票据电子化进程不断加快。

票据电子化为会计原始凭证数字化奠定了良好的基础，这里的票据包括税务票据、财政票据、金融票据、内部票据等，涵盖了企业所有的业务数据。票据电子化有两大好处：第一，企业可以利用自动化做账软件对电子化的票据进行处理，自动生成记账凭证，自动编制账簿和报表，促使整个会计记账流程实现自动化；第二，电子化票据与企业管理软件打通之后，财务部门可以直接从发票中获取数据，对数据进行采集、清洗、分析，从数据中提取有价值的信息，为企业管理决策提供强有力的依据。

物流信息数字化

企业各个部门都存储着海量数据，这些数据中蕴藏着丰富的财务信息与非财务信息。在传统的会计模式下，由于会计信息需要人工处理，所能获取的数据有限，而且数据得不到充分挖掘，数据价值无法充分展现。

随着各种自动化、智能化工具在财务领域的推广应用，财务人员可以获取企业内部的结构化数据、网络公开发布的可抓取数据、外部收费数据以及与公司经营相关的合同文件等，可以利用建模工具对这些数据进行挖掘处理，将数据处理结果以图形或者图像的形式呈现出来。

例如，在传统技术下，财务部门很难获取商品到达时间、途中损耗、收货状态等信息，而利用自动化、智能化工具就可以很好地解决这一问题，具体分析如下。

（1）财务部门可以利用信息中台，对商品采购与销售过程中的位移信息进行实时收集。财务中台和物流后台对接，收集材料与商品的位移信息，对其在运输过程中的损耗进行分析，为收付款以及会计处理提供丰富的数字化信息。

（2）财务部门可以利用条码技术收集会计数据。近年来出现的无人超市，就是对高清摄像、传感器、条码、生物识别等技术进行集成应用，并与财务软件系统相结合，将商品流入、流出信息以数字化的方式记录下来，并实现无人记账。

商品运抵无人超市之后，采购人员会扫描商品包装上的二维码将商品入库，并为商品匹配增值税发票信息，录入发票金额和税款；ERP 系统会根据商品的采购信息以及入库指令自动生成会计凭证。客户进入无人超市购物，结算时扫描商品包装上的二维码，相关信息会自动传送到 ERP 系统。ERP 系统收到信息后会自动办理出库，通过客户的支付宝或微信账户自动扣款。

月底，ERP 系统会根据当月商品的出库、入库情况生成商品库存明细表，并按照明细表对库存商品进行盘点。库房管理人员会直接通过 ERP 系统更新商品库存情况，在损坏或者丢失的商品处点击“报废处理”，然后自动生成会计凭证。凭借 ERP 系统与二维码，企业可以实现自动记账。

资产信息数字化

在会计核算中，资产核算是一项重要内容。大型企业的子公司遍布世界各地，拥有众多种类不一、价值差异大的固定资产，对这些资产的盘点、减值核算、期末计价、折旧计提都面临着较大的困难。如果财务人员采用传统的手工方式进行核算，可能会因为计算错误而面临较大的风险，包括会计风险、税务风险、法律风险和财务管理风险。而在物联网技术的支持下，企业可以对资产状态进行实时跟踪，精准获取资产的状态信息，全面了解资产的使用情况以及损耗情况。

04 财务会计的智能化转型之路

人工智能、大数据、云计算等新一代信息技术的快速发展，对数字化财务、智能化财务的发展产生了强有力的推动作用。同时，这些技术在财务行业的深入应用催生了很多关键技术，其中的代表性技术包括 RPA、自然语言处理（Natural Linguistic Programming，NLP）等。财务部门要积极利用这些技术推动财务工作向着智能化、自动化的方向转型发展，为智能化财务的发展奠定良好的基础。

随着人工智能、大数据等技术在财务行业的深入应用，数字化会计实现了快速发展。下面我们对数字化会计与 RPA 以及传统财务软件之间的区别进行阐述。

（1）数字化会计与传统财务软件。

传统财务软件对财务人员的专业性要求较高，一般情况下只能以单机的方式在本地工作，具有一定的局限性，而且系统的安全性比较差，容易发生数据泄露、数据被窃等问题，导致数据安全得不到有效保障。而数字化会计引入了人工智能、大数据等技术，能够自主完成采购结算、销售结算、报账审核等工作，将财务人员从部分财务工作中解脱出来，切实提高了财务工作的效率与准确率。值得注意的是，数字化会计并非完全用自动化系统或软件取代人工操作，而是以人工操作为基础，提高财务工作的智能化水平，为企业的运营决策提供有效的支持与保障。

（2）数字化会计与 RPA。

RPA 机器人能够代替部分人工操作，使内容点选、数据上传等流程实现自动化，应用前景非常广阔，但 RPA 机器人的运行需要有明确的规则和海量优质的数据提供保障。以中国石化为例，该企业为了减轻财务人员的工作负担，提高财务工作的效率与质量，引入了 300 多个 RPA 机器人。

传统的财务工作模式对财务人员的工作经验与工作技能提出了较高的要求，数字化会计想要代替财务人员开展部分财务工作，必须具备以下三项能力，如表 17-1 所示。

表 17-1 数字化会计的三大基本能力

基本能力	具体内容
会看、看准、看懂	数字化会计可以自动识别信息并采集信息，降低信息采集成本，提高信息采集效率与准确率
会思考、专业判断	数字化会计可以深入挖掘信息内涵，与信息应用场景相匹配，结合经验与专业知识对信息进行科学处理
会动手、快速处理	数字化会计可以提高信息系统各项操作流程的自动化与智能化水平

财务管理模式的转变

企业财务部门通常由高层管理者、运营人员以及基础工作人员构成，这 3 个层级的人员之间存在严格的迭代依存关系，跨层级沟通比较困难，导致沟通效率比较低，而且从顶层设计到底层应用之间存在大量分散的数据，导致数据价值得不到充分发挥。数字化会计的应用可以有效解决这些问题，具体分析如下。

（1）层级高度协同。

数字化会计可以打破传统财务部门的组织架构，改变传统层级自上而下的迭代关系，促使高层管理者、运营人员以及基础工作人员相互协同。具体来看，财务部门的高层管理者会根据企业运营情况制定财务决策，规划财务体系，合理地进行投融资等；财务运营层会根据高层管理者的决策开展各项财务工作，包括资金管理、制定预算、对企业应收应付账款进行管理、对各类财务报表进行合并管理等；财务基础工作层则主要负责进行财务核算、财务审核等工作。

（2）数据流闭环。

财务基础工作层会对财务部门的基础业务进行整合，从中提取财务领域的原始数据，并对这些数据进行初步处理，将数据处理结果上传到财务运营层；财务运营层接收到来自基础工作层的半成品数据后，对数据进行整合分析，根据数据处理结果对业务进行调整；财务高层管理者会根据财务运营层提供的成品数据完善财务策略，对财务策略进行分解，再交由基础工作层执行。

财务工作方式的转变

快速发展的数字技术将颠覆传统的财务工作方式。

传统财务部门的业务结构呈金字塔形，位于底层的是基础工作，占比大约为 70%；位于中间的是业务支持工作，占比大约为 20%；位于顶端的是经营管理分析工作，占比大约为 10%。在这种业务结构下，财务部门的工作效率比较低，而且不利于企业发展。

在以数字化会计为基础的智能财务模式下，财务工作的各个环节发生了巨变，金字塔结构被打破，转变为"倒三角"结构，原本占比最大的基础工作的占比减少至 20%，业务支持工作的占比提高到 30%，数据管理以及决策分析的占比提高到 50%。在这种工作模式下，财务人员可以将大量时间与精力投放到高附加值的工作中，切实提高财务工作的效率，创造更多价值，推动企业快速完成数字化转型。

第 18 章
数据驱动：财务会计向管理会计转型

01 财务会计 VS 管理会计

随着科学技术的不断发展，大数据在各个领域的应用越来越广泛和深入，其中在企业财务管理领域的应用革新了企业财务管理方式，促进了财务转型。在大数据技术的作用下，传统的财务会计将逐渐转向以财务分析为主的管理会计。为了适应这一转变，一方面，企业应该明确财务转型后的财务会计工作的内容，适应市场环境变化，顺应现代化的财务会计发展趋势，增强会计人员的财务管理能力；另一方面，企业要制定明确的发展规划，以财务数据为依据分析企业经济发展状况，充分掌握自身的经济情况，提高内部管理与财务数据之间的相关性，加快管理体制革新步伐。具体来看，财务会计与管理会计的区别主要体现在 4 个方面，如表 18-1 所示。

表 18-1　财务会计与管理会计的四大区别

	财务会计	管理会计
工作重心	财务会计主要负责记录和整理企业中各个部门的业务信息及财务信息；汇总各项数据制作用于分析其他组织与自身的经济关系的财务报表，并将报表定期上交给企业管理层；掌握企业目前的财务情况，撰写并向单位管理层提交相关报告。总而言之，财务会计的工作重心是了解和掌握企业财务信息，并将其制成财务报告呈报给企业管理人员和相关的社会组织	管理会计主要负责通过分析企业各个部门的业务记录和财务数据来发现经营管理中存在的问题和风险，并整理归纳各个管理人员的意见和建议，采取科学合理的措施防范风险。除此之外，管理会计还要整理企业财务管理考核数据，将其提交给财务考核人员和国家审计部门。总而言之，管理会计的工作重心是辅助管理者做好企业管理工作
工作原则	财务会计工作会受到国际会计标准（International Accounting Standards，IAS）和《企业会计准则》等规则的指导和约束，不仅如此，财务会计在编制财务数据报表时也要严格遵循时间一致性原则和空间可比性原则	管理会计的工作原则并非国际会计标准和《企业会计准则》等制度和规则，而是企业财务现代管理理论
工作内容	财务会计的工作内容主要包括核算财务资金、完善财务凭证、掌握资源分配、编制财务会计报表、分析资源消耗情况、按期结报资金活动情况、核对和清算账款、保管财务账簿、分析企业生产经营成果等	管理会计的工作内容主要包括编制财务收支计划和信贷计划等活动规划、统一管理企业生产经营、掌握财务分配情况、监督财务计划的执行、管控风险、管控成本、分析经济活动、制定总结报告、规范企业经济行为等
信息特征	财务会计要向与企业有利益关联的组织提供账簿报表和财务凭证等连续性的综合财务信息，这些信息一般具有真实可靠、完整审慎、类别明确、格式统一等特征	管理会计要不定期地向企业管理部门提供内部报告等信息，这些信息具有相关性、准确性、一贯性、简明性、客观性等特征，且类别和格式可能不统一

02 大数据重构传统财务会计

数据存储方式的改变

随着大数据时代的到来，经济迅速发展，财务信息数据呈现出膨胀式发展趋势，数据类型越来越多样化。要想确保财务数据信息的安全性和准确性，企业必须建立数据库来存储和管理数据，并对数据进行整合和预处理。

不同于传统的数据存储方式，基于大数据技术的财务数据存储具有系统化、全面化的特点，不仅能够让企业更好地从财务数据中获取有价值的信息，还有助于企业提高财务数据管理质量与效率。一般来说，大数据时代的企业通常采用分布式数据存储架构来管理数据。在这种存储架构下，企业可以根据内容将数据分成资金流量数据、成本费用数据、经营管理数据等多种不同类型的数据并存储到数据库中，从而简化财务管理流程。

数据搜集方式的改变

财务会计需要收集整理的数据类型比较少，大多是结构型数据，因此数据搜集渠道比较窄，搜集方法也比较简单。进入大数据时代后，财务会计转型为管理会计，需要收集整理的数据越来越多，数据类型也越来越丰富。因此，企业的财务会计人员通常需要在广阔的信息处理范围内利用多种方式、借助多个渠道才能完成数据搜集工作。

由此可见，在大数据时代，企业要通过对自身经营管理数据的整理和分析来判断未来的发展趋势，根据数据分析结果做出正确的决策，并利用科学的工具进行数据处理。

财务会计角色的转变

在传统的财务工作中，财务会计主要负责对企业的经济业务数据进行统一的计量、记录、计算、整理和分析等，无法充分发挥主观能动性，难以提高财务人员在工作中的自觉性。

随着大数据技术在财务领域的应用，财务会计工作开始由被动核算转向主动介入，财务会计逐渐转型为管理会计，对企业发展规划制定等工作的参与度越来越高，能够通过分析财务数据预测企业财务的发展趋势，使得财务工作的前瞻性不断增强，为企业开展经营活动提供强有力的支撑。

03　从财务会计到管理会计的转型

增强管理会计模式的前瞻性

财务会计主要负责在企业的经营管理活动结束后进行归纳总结，工作存在一定的滞后性；而管理会计能够通过分析财务数据支持企业未来的发展决策，具有更强的前瞻性。当前，市场环境千变万化，市场竞争日益激烈，精准预测市场经济发展趋势成为企业发展必须具备的技能。由此可见，推动财务会计向管理会计转型有助于企业实现可持续发展。

对于企业而言，将大数据技术和管理会计模式进行融合有助于根据企业发展的实际情况设计科学的转型计划，增强会计管理的前瞻性，从而精准预测市场经济的发展趋势，让企业能够在激烈的市场竞争中脱颖而出。

企业的管理会计可以利用信息数据平台记录和分析企业的财务数据，并以分析结果为依据预测市场经济未来发展趋势，从而提前做好风险管理和风险防控工作，辅助企业管理层做出正确决策。与此同时，企业的管理会计还可以根据数据类型将数据存储在不同的信息数据管理模块中，并采用科学的手段编制财务报表，在最大程度上避免企业管理层做出错误决策，有效提高企业经营管理的稳定性。

转变财务会计管理理念

财务会计向管理会计转型是企业实现可持续发展的必然选择。对于企业来说，在改变工作内容之前要先改变思维。也就是说，企业的管理者应该充分认识到财务管理的重要性，建立全新的管理会计发展思维，并利用管理会计的思维方式管理和使用财务信息，辅助企业做出生产经营决策。

在大数据时代的企业财务管理工作中，管理会计可以充分利用财务数据和信息技术最大限度地发挥财务管理部门的价值，通过整合和分析企业发展经营过程中的财务数据信息，进一步探寻并解决企业经营管理中的缺陷。除此之外，管理会计还可以利用大数据技术对财务数据进行精准分析，对经营风险做出准确预测，为企业决策提供重要支撑，并以企业当前的实际发展情况为依据制定合理的风险管控策略，降低经营风险给企业带来的经济损失，进而使企业管理层改变对管理会计的看法，实现管理理念的转变。

数据化推动财务会计向管理会计转型

企业实现从财务会计向管理会计的转型不仅需要转变管理理念，还需要持续推进数据化建设，充分利用各种数字信息技术促进数据化管理方案落地，提升企业财务管理的数字化水平，利用数字化的财务管理方式推动企业实现长期稳定发展。

企业从财务会计向管理会计转型能够充分满足企业发展对财务管理的需求，最大限度地发挥财务管理的前瞻性。而企业融合大数据和财务管理构建的企业数据化发展平台的应用也有助于企业各部门协同合作，简化企业财务管理流程，提高财务管理效率，增强员工的数据化处理能力。与此同时，企业管理层也要强化自身的数据化管理思维，以更大的资源投入力度支持数据平台建设，确保财务管理数字化转型的顺利实施。

加强财务信息系统化建设

在大数据时代，信息技术高速发展，企业财务数据呈爆炸式增长，传统的财务管理方式无法满足财务数据管理需求，要求企业通过建立财务信息系统来实现对企业财务数据的全面管理。财务信息系统能够充分利用大数据技术提高财务数据管理质量与效率。同时，由于管理会计能够分析数据、预测风险，因此管理会计和数据平台的有机结合也有助于加快财务会计的转型速度。

企业加强财务信息化系统建设有助于集成信息，实现信息共享。通过全面分析历史收入成本，进一步把握制定战略决策的关键，同时发挥财务管理职能，强化全面预算管理，综合运用财务信息，将会计数据转化为财务数据，对财务数据进行动态分析，在数据层面支撑企业的经营管理。

除此之外，财务管理经验也是企业扎实推进财务管理工作的必备因素。企业要根据实际情况制定个性化的管理方案，并借助财务信息系统中的各项应用实现流程监督。目前，我国已进入信息化时代，信息技术的发展和广泛应用推动企业财务管理进入了一个全新的发展阶段。在这个阶段，企业的财务管理人员需要学习更多信息化技能，掌握 Excel、Python Spider 和财务软件等信息化财务管理工具的使用方法，并在工作中运用这些信息工具处理财务数据，提高数据分析的灵活性。

04 浪潮集团：管理会计“六大支柱”

浪潮集团是我国知名的大型 IT 企业，拥有大数据、云计算、工业互联网等多种新一代信息技术业务，能够为全球 120 多个国家和地区提供软硬件产品和云计算、大数据解决方案。2015 年 3 月，浪潮集团成立浪潮云服务公司，开始开拓云服务市场，逐步建立起完善的云中心，并基于浪潮云中心创新管理会计应用，整合服务资源打造浪潮 ERP 应用，为企业提供价值创造、风险管控、科学决策等服务，并运用全面预算、财务共享服务、营运资金流动性管理、责任中心会计、人力资本会计、内部报告与决策分析六大管理工具，进一步提高财务管理的精细化水平。

全面预算

浪潮 GS 是浪潮集团研发的新型全面预算管理系统。一方面，浪潮 GS 可以利用互联网和大数据技术提取、分析企业大数据，实现经营预测功能，进而提高预算管理的准确性和科学性，还可以通过建立全面预算信息集成平台实现对业务的全方位管理和监督；另一方面，浪潮 GS 还可以通过抽取对标数据和预算分析等方式实现对标分析，从而在数据层面支撑管理者做出科学决策。浪潮 GS 全面预算管理系统具有一定的精细化全面预算管理思想，能够有效支撑企业预算的事前编制、事中控制和事后分析，推进企业管理全面升级，进一步增强企业竞争力。

财务共享服务

浪潮集团将财务共享管理模式与“互联网+”时代的各种数字技术进行有机结合，打造出集财务管理、资金管理和财务共享服务于一体的财务共享服务中心，充分满足企业在财务管理服务方面的需求。不仅如此，财务共享服务中心还将多种终端设备接入统一的财务云中心，实现报账、核算、资金、决策一体化管理。

与此同时，浪潮财务共享服务中心也有助于强化集团财务信息化能力，助力企业管理创新，增强设备接入的灵活性，强化企业在财务管理方面的竞争力，动态管理业务，提高业务的可靠性，降低财务管理的总体拥有成本（Total Cost of Ownership，TCO），让企业的财务共享服务中心能够更加敏捷地、有针对性地为企业提供共享服务。

营运资金流动性管理

浪潮集团利用营运资金流动性管理为企业资金管理赋能，实现平衡管理、现金流预测、金融服务管理、全面流动性管理等诸多功能，这些功能将作用于企业资金管理的账面资金管理、营运过程管理等各个环节，进而帮助集团企业实现科学有效的资金管理。

浪潮 GS 资金管理产品可以通过资金结算作用于业务处理的各个流程，并借助资金平衡计划推进资金业务统一管理，从而让企业盘活存量资金，优化配置集团资源，提升资金在运营中的周转效率，提高现金流预测的准确性，充分保持现金流平衡，有效规避财务风险，减少交易费用，推动集团企业的规模效益增长，加快产业与金融业的融合速度，最终实现资金管理的规范化和效益的提高。

责任中心会计

责任中心会计是同时拥有管理权利和管理责任的绩效责任单位，能够在市场竞争环境中进一步细分企业内部责任，通过衡量业绩水平实施奖励和惩罚。企业可以利用责任中心会计整合采购业务、库存业务、销售业务各个环节的管理会计凭证和企业内部各战略单元产生的信息，生成相关主体责任报告，提高企业财务管理的精细化水平。

除此之外，责任中心会计系统还能以企业的产品、业态、组织、客户等各个要素为依据对实际盈利和盈亏平衡点进行分析，提高企业战略决策的精准度，并借助内部对标管理的方式调动各个部门的生产积极性，进一步提高生产经营的质量和效益。

人力资本会计

浪潮集团搭建的人力资本会计系统是基于企业云平台的信息化人力资本管理框架，具有成本会计、全面预算、人力决策、价值计量会计等多个功能模块，能够帮助集团企业集中管理集团内部所有的人力资源，并利用科学的方法预测、规划、计量、控制、考核、评价、报告企业的人力资本，进而获取更多有价值的人力资本会计信息以支撑企业管理和决策，实现人力资源价值最大化。

内部报告与决策分析

对管理会计来说，内部报告与决策分析是支撑其信息化转型的关键。浪潮集团内部报告与决策分析支持解决方案是大数据环境下面向大型企业的信息化全景平台。内部报告与决策分析能够以大数据和云计算为重要驱动力，推动企业管理会计走向全面信息化，并运用多种数字化、智能化技术实现对互联网数据、企业内部经营管理数据和上下游企业数据等众多数据的采集、整合、挖掘、存储和分析，并随时向企业的管理人员自动提供不同时间粒度下的各个责任中心的考核报表和经营分析报告，让企业能够在阿米巴经营管理模式下进一步提高精细化管理水平。

在管理会计信息化领域，浪潮集团不仅有以上“六大支柱”，还具有人力云、电子采购云、财务共享云、大数据分析云、司库与资金云等多种产品和解决方案。利用这些信息化工具，浪潮集团能够持续推进企业管理升级，驱动企业实现精细化管理。与此同时，浪潮集团还能以用户需求为导向，分阶段、分模块地实施管理会计转型。

以浪潮集团为伟星集团设计的企业资源计划为例，伟星集团通过实施围绕成本管理和实际盈利分析的管理会计实现了日接单量、交货量和设备利用率的大幅提高。具体来说，日结单量从 400 单提高至 1500 单，年复合增长率达到 35%。随着经营效率和经济效益的不断提高，伟星集团逐渐成为我国拉链行业的领先企业，吸引了越来越多的世界级顶尖企业前来学习借鉴相关经验。

第 19 章
实践路径：智能会计系统的构建法则

01　基于业财融合的财务共享系统

在企业全面推进数字化转型的时代，作为对企业经济活动进行监督与核算的主要角色，会计人员要对企业的数字化转型、财务部门的数字化转型有清晰的认知，主动顺应数字化转型趋势，转变思维、观念、工作模式、工作方法，推动智能会计系统建设，从思想与行动两个层面为企业的数字化转型创造一个典型，对企业的数字化转型起到积极的推动作用。

智能会计建设要经过 3 个步骤，首先是通过业财融合实现财务共享；其次是基于商业智能打造管理会计系统；最后是在业财一体化的基础上创建智能会计系统。下面对各个环节的建设目标进行具体分析。

财务共享模式对会计数字化转型有着积极的推动作用，有利于实现会计集中核算、业财融合、集中管控以及预测与战略决策分析。在财务共享模式下，企业会以互联网、大数据、云计算、人工智能等技术为依托创建财务共享服务平台。该平台可以对整个财务流程进行有效处理，优化企业的组织结构，强化企业的管控能力，提高财务各流程的处理效率，降低财务部门的运转成本，提高财务部门的价值创造能力，为企业各部门以及合作机构提供更专业的财务服务。

财务共享服务的发展经历了 3 个阶段，如表 19-1 所示。

表 19-1　财务共享服务经历的 3 个阶段

发展阶段	具体内容
1.0 阶段	企业通过财务共享服务平台为会计核算、资金管理、费用报销等服务的实现提供数据支持
2.0 阶段	会计人员可以发挥成本管控、资金定价、风险预警等功能，还能为财务战略的制定以及业务发展决策提供有效支持
3.0 阶段	企业利用物联网、大数据、人工智能等技术手段打通所有与会计有关的业务环节，为业务决策提供数据支持，推动各个环节实现数字化转型，对业财一体化的智能会计建设产生积极的推动作用

具体来看，基于业财融合的财务共享服务平台要实现以下目标。

数据挖掘与应用

基于业财融合的财务共享服务平台要广泛收集各种类型的数据，包括会计数据、业务数据以及外部数据等，利用人工智能、大数据等技术对数据进行深入挖掘，将大数据在推动业务发展与数字化转型方面的作用充分释放出来，为客户画像、客户贡献度分析、精准营销等提供充足的数据支持。

智能分析与预测

在财务共享模式下，企业会计部门要将财务分析手段、严谨的假设条件与驱动因子、目标分解模型、预算预测模型、定价模型、成本分摊模型与业务部门对市场发展趋势、竞争对手、地域、客户群等因素的分析相结合，提高业务预测的精准度，为产品定价提供更加科学的依据，切实提高计算速度与效率，为市场分析精准度以及产品开发灵活度的提升提供强有力的支持。

资源配置与考核

基于业财融合的财务共享服务平台，企业会计人员要对各项财务资源进行优化配置，优先向有助于实现企业发展战略的业务以及项目分配其需要的资源，并设置关键指标对资源投入产出效益进行跟踪评估，在推动企业发展战略有序落地的同时，为企业的经营决策提供更多数据支持。

打造合作生态圈

在财务共享模式下，企业的会计部门要全面推进生态圈会计建设，加强与外部产业链企业、政府监管部门、专业服务企业的沟通，获取行业发展的最新信息、最新的监管风向以及专业的发展意见，同时凭借敏锐的数据洞察能力，协助业务部门链接更多合作伙伴，打造合作生态圈。

02　基于商业智能的管理会计系统

基于商业智能（Business Intelligence，BI）的管理会计系统有以下四大功能，如表 19-2 所示。

表 19-2　基于商业智能的管理会计系统的四大功能

序号	具体功能
1	可以通过语音指令收集管理会计数据，使用商业智能拟人化手段对数据进行挖掘、分析、利用、共享，降低数据收集难度，提高数据收集速度与效率

续表

序号	具体功能
2	可以借助商业智能手段对各项业务数据进行分析，将数据分析贯穿业务开展的全过程，包括业务开展前的风险分析、业务开展过程中的成本分析以及业务结束后的绩效评价，实现数据驱动决策，提高决策的科学性
3	可以借助人类直觉推理和试凑法等方法对业务风险以及财务风险进行智能化管控，提高风险管控质量与效率
4	可以借助生产经营过程中产生的各类数据为决策者提供各种预测方案，利用所掌握的数据生成尚未掌握的数据

具体来看，基于商业智能的管理会计系统要实现以下目标。

数据洞察和决策支持

基于商业智能的管理会计系统要对企业内外部的结构化数据以及非结构化数据进行深度处理与分析，从中提取有价值的信息，驱动业务发展。此外，该系统还可以统一数据标准，为数据添加标签，实现从业务场景到底层数据的溯源，找到数据源头，从各个维度对产品、业务的赢利情况进行预测，做好成本分析，为业务决策提供强有力的支持。

资源统筹和精准配置

基于商业智能的管理会计系统要支持会计人员转变角色定位，主动参与前端业务，借助会计管理方法与技术创建数据模型，对企业资源进行统一调配与精准配置，为业务部门提供准确的成本、利润预测数据，基于业务需求创建一个全面预算管理体系，对资源使用情况进行考核，切实为各项业务的开展提供支持与辅助。

数字赋能和数据运营

会计部门承上启下作用的发挥离不开数据的支持，因此基于商业智能的管理会计系统要具备强大的数据运营能力，对上为管理者提供各类报表，辅助管理者决策；对下为基层员工提供其需要的各种原始数据，支持会计部门利用数据为业务部门赋能，通过对数据进行挖掘分析发现问题的本质，找到绩效管理的关键点以及新的价值增长点，辅助业务部门进行业务创新。

营造环境，提高水平

企业管理会计服务面向的是内部管理层及各部门，为了使管理人员以及部门员工认识到实施管理会计的重要性，会计部门可以通过召开会议或者组织培训等方式向管理者以及员工传递管理会计思想，为管理会计的实施营造一个良好的环境，并借此提高企业的管理水平。

03　基于业财一体化的智能会计系统

业财一体化的智能会计系统可以对业务发展产生积极的推动作用，提高会计管理工作的开展效率，减轻会计人员的工作负担，实现精准管理以及高质量管理。目前，我国业财一体化的智能会计系统建设刚刚起步，受各种因素的影响，还需要很长一段时间才能实现推广应用。

在具体实践过程中，业财一体化的智能会计系统建设需要通过"业务伙伴+会计专家+运营会计"模式来实现。

（1）在业务伙伴的支持下，会计人员可以增进对企业各项业务的了解，与业务部门进行良好的沟通，辅助业务部门对业务流程进行梳理、优化，发现业务部门存在的各种问题，并利用专业的会计知识帮助业务部门解决这些问题。同时，还可以为业务部门提供优质的会计服务，快速识别业务风险，并采取有效措施规避风险。总而言之，会计要与业务深度结合，在为业务服务的过程中实施会计综合管理；会计部门要与业务部门充分沟通，引导业务部门发展；会计在监管过程中要强化对业务人员的培训；会计部门要对业务部门做好事前指导、事中服务与事后管理。

（2）会计专家可以借助自己所掌握的专业知识、先进技能以及敏锐的市场洞察力，为业务创新提供专业指导；可以通过对业务数据的深入分析，发现业务部门潜在的问题，分析问题成因，提出解决方案，落实监管责任，定期进行考核；遵循企业发展战略思路，促使业务与会计深度融合，实现业财一体化。

（3）运营会计可以让会计人员参与到运营管理中，提高运营效率，降低运营成本以及运营风险，以较低的成本为运营部门提供优质的服务，同时对运营部门的业务开展情况进行动态监控。会计人员参与运营管理主要通过三方面发力，分别是在运营前进行指导，在运营过程中提供优质的服务，在运营结束后做好管理，以保证运营过程的流畅性，对业务发展起到积极的推动作用。

第七部分　数字化审计

第 20 章
数字化审计：重构企业传统审计模式

01　审计流程数字化、智能化变革

作为一个人员密集型、技术密集型行业，审计行业一直在探索如何利用信息化系统取代人工操作，降低审计成本，提高审计效率。在这个过程中，大型会计师事务所取得了显著成就。因为对于很多大型会计师事务所来说，市场上通用的审计软件无法满足其需求，所以它们会根据工作流程、工作模式、客户特征、管理系统的要求，自主开发智能化审计系统与工具。

例如，国际“四大”会计师事务所之一的安永自主研发了智能数据分析工具 EY Helix、智能自动化审计工具 EY Smart Automation，并推出数字化审计方法论，基于对数据的充分挖掘识别审计风险，让数据分析工作贯穿审计全过程。

数字化审计定义

数字化审计指的是基于系统论和行业内部数据治理工作，以行业经营管理相关的内外部数据和信息为基础，借助数据库系统、数据分析软件、信息系统平台，与非现场数据分析、现场检查和审计质量控制要求相结合，提取结构化与非结构化数据，对这些数据进行深入挖掘与分析，将数据分析结果展示出来进行共享，以切实提高审计质量与效率，促使审计过程创造出更大的价值。简单来讲，数字化审计就是对各类数据与业务进行解构与重构，以输出知识，创造更大价值。

数字化审计应用

从逻辑层面看，数字化审计与传统审计的目的非常相似，都是希望通过对少量数据进行挖掘分析来获取数据背后隐藏的信息，根据审计需要对相关数据进行处理，结合审计经验以及数据之间的钩稽关系①将审计所需数据的应用场景呈现出来，形成审计证据链。

因此，以审计需求和数据支持为前提，数字化审计可以对审计过程中产生的数据进行深入分析与挖掘，将审计经验固化下来进行推广应用，进而提高审计工作的开展效率。在企业日常经营过程中，需要数据分析以及审计经验固化的事项包括预付卡消费行为监控、会员积分异常监控等，对这些事项都可以进行数字化审计。

辩证看待数字化审计

虽然数字化审计非常重要，但数字化审计不是万能的，企业管理者要辩证地看待数字化审计的作用，具体分析如下。

（1）正确认识数字化审计。

数字化审计建立在丰富的审计经验的基础之上，可以促使审计业务创造出更大的价值，辅助企业洞察业务风险。因此，企业要正确认识数字化审计，用数字化审计替代传统审计，促使数字化审计

① 钩稽关系指账簿和会计报表中有关数字之间存在的，可据以相互查考、核对的关系。

常态化，并使其与其他审计方式相融合，全面提升审计工作的效能，为企业创造更高的价值。

（2）助力审计提质增效。

数字化审计可以基于审计人员的审计经验和数据分析结果，为项目提供审计风险线索输出以及非现场审计案例应用，通过审计线索获取所需信息，节约审计时间，提高审计质量与效率。数字化审计为业务审计提供了多元化的方法，以结果为导向促使业务审计拓展，通过业务规范可以及时发现业务开展过程中的异常情况，推动数字化审计与现场审计相融合，为审计业务的提质增效提供强有力的支持与辅助。

（3）避免完全依赖数字化审计。

虽然数字化审计有很多优点，但并不是在所有项目中都适用。企业在开展数字化审计的过程中，需要对业务以及项目开展过程中的各种因素进行综合考虑。

虽然近年来市场上出现了很多基于大数据的智能化的审计系统与工具，但这些系统与工具只适用于部分财务系统，无法对非标准化的数据进行自动采集和处理，而且智能化水平比较低，只能满足部分数字化审计的功能需求。再加上还有很多会计档案尚未实现全面电子化，很多基础性的审计程序仍需要人工来完成。在这种情况下，审计要想实现数字化转型，必须先实现会计档案的电子化以及财务的数字化，为数字化审计流程与工具的落地应用奠定良好的基础。

除此之外，为了推进审计数字化转型，企业以及会计师事务所要建立数字化审计人才培养机制，围绕数字化审计方法、智能分析工具和数字化转型培养更多专业人才。同时，也要做好复合型人才的培养，使审计人员成为既具备数字化应用能力，又掌握丰富专业知识的审计人才，为审计的数字化转型提供强有力的人才保障。

除企业外，国家监管部门也要在数字化审计系统建设领域投入一定的资源，制定统一的建设标准，提高审计数字化转型的速度与效率。

02 数字技术在审计领域的应用

进入大数据时代以来，各行各业的信息与数据呈现出爆发之势。因此，深入挖掘数据，形成以数据驱动的发展模式，成为企业数字化转型的关键。在此过程中，与数据关联紧密的财务、审计等行业也要完成数字化转型与变革。

根据财政部发布的《会计改革与发展“十四五”规划纲要》，审计行业从信息化转向数字化已经成为必然趋势。为了顺利完成数字化转型，审计行业要充分利用数字技术处理数据，并与审计方法相结合，提高审计质量与效率，在最大限度上规避审计风险。

进入大数据时代以来，数据被视为企业的一项重要资产。数据处理模式与应用模式也在不断更新。审计行业为了更好地发展，必须灵活利用数据，充分发挥数据的价值。在这种情况下，审计行业的数字化转型成为必然趋势。

审计工作主要依托被审计对象的财务工作而开展，需要收集大量财务数据，对数据进行处理分析。因此，在财务工作数字化转型的背景下，审计工作不得不进行数字化转型。财务数字化一方面为审计监督的数字化转型奠定了良好的基础，另一方面也给传统审计模式带来了一定的挑战。

数字化审计能够利用信息技术自动处理海量数据，而且数据处理的效率与准确性都比较高，可以有效避免传统审计抽样带来的各种风险，对审计风险做出有效把控。在传统审计模式下，审计流程非常烦琐，一些程序受审计资源的限制无法落地执行，使得审计风险增加，审计价值下降。

数字化审计能够用自动化系统或设备完成大量流程简单但重复性比较高的工作，减轻审计人员的工作负担，让审计人员可以将更多时间与精力投入风险控制等领域，从而提高审计效率，有效把控各种风险。

在完成数字化转型之后，审计人员可以利用数字化技术对经济业务进行动态监控，实时发现经济活动开展过程中潜藏的风险，及时干预，将审计规范财务运作、改善企业内部控制的价值充分释放出来，以消除事后审计的滞后性。

审计数字化可以应用的数字技术有很多，包括区块链、大数据等。下面对这两大技术在数字化审计中的应用进行详细探究。

区块链在数字化审计中的应用

区块链技术应用于数字化审计领域，可以提高审计效率，提高会计信息的质量，在最大限度上减少舞弊事件的发生。其中，分布式记账技术的应用可以切实提高财务信息的透明度，保证各项信息可追溯，切实提高审计工作的开展质量，保证审计效率。

《关于开展银行函证试点工作的通知》就明确提出要利用区块链等信息技术加强对函证程序的过程控制，推动银行函证实现规范化运作，加快银行函证数字化平台建设，推动银行函证实现数字化转型。

大数据在数字化审计中的应用

审计人员可以利用大数据技术自动收集审计工作所需的各类数

据，并对数据进行分析，提高数据分析质量与效率，及时发现异常并发出提醒。例如，审计人员利用基于大数据的审计系统对营业收入进行审计，自动获取收入数据，从纵向与横向两个维度对数据进行对比，了解企业的毛利率以及收入波动情况，切实提高了审计效率。

现代审计以风险为导向。审计部门可以利用大数据技术收集海量数据，通过对海量数据进行挖掘分析构建风险评估体系，提高风险识别效率与准确率，对审计资源进行整合，以便更好地防控审计风险。

03 数字化审计流程的 7 个步骤

数字化审计流程与常规的审计流程有很大不同。数字化审计最重要的就是要对原始数据进行采集，基于数据分析结果构建审计分析模型，因此需要建立清晰的审计流程。下面对数字化审计需要遵循的七大步骤进行具体分析。

（1）审前调查阶段。在审计工作开始之前，审计人员要进行全面调查，掌握被审计单位的组织架构，全面收集需要的数据信息，掌握各种数据的处理措施与存储方法，准确把握各类数据表中的内容，明确数据采集对象与采集方法，为中间表的建立以及数据信息的采集奠定良好的基础。

（2）采集数据，获取信息。采集数据是数字化审计中非常重要的一个环节。在这个环节，审计人员要将审计调查阶段产生的数据需求提取出来，并在被审计单位的配合下将需要的各类数据保存下来，完成基础电子数据的采集工作。

（3）验证、清理和转换数据。审计人员在对各类电子数据进行分析之前，要对这些数据的特点进行综合考虑，对数据进行验证，在必要的情况下还要对数据进行转换，或者对部分存在“杂质”的数据进行清理，以保证所获数据符合要求。

（4）建立审计中间表。在完成数据处理之后，审计人员要基于数据利用目的以及所采用的各种方法建立审计中间表。审计中间表是利用业务管理体系中的基础性数据，开展连接、映射等一系列操作，将工作主题以及业务特征清晰地反映出来。它可以帮助审计工作人员对相关数据信息进行科学处理，为审计模型的构建奠定良好的基础。

（5）把握总体，选择重点。为了对被审计单位的经营状况进行全面了解，审计人员要基于前面几个步骤的完成情况，利用结构分析法对被审计单位的业务、现金流、损益、资产等指标进行全面分析，以便更好地开展评估工作，对企业运营管理状况进行全面了解，确定审计工作的关键点。

（6）锁定重点，建模分析。审计人员要以上述工作为基础，把握审计公告中的要点，根据前面几个步骤获得的与被审计单位有关的情况，对被审计单位重要的业务活动进行系统分析，并对所获得的数据信息进行细分；基于数据分析结果，面向不同的业务构建数据分析模型，选择合适的分析模型有针对性地开展审计工作。例如，审计人员要按照企业的规章制度选择合适的数据分析模型，确定与数据统计和分组有关的具体条件，然后利用 SQL 语句建立个体分析模型。

（7）延伸、落实与取证。这个流程的核心工作是要基于审计分析模型，利用深入核实法或者直接取证法对各类电子数据的分析结果进行取证。如果发现一些比较重要的审计问题或者线索，审计人员要积极验证，并基于验证结果形成审计报告。

04　顺丰速运：数字化审计模式与框架

现阶段，商业环境和技术市场风云变幻，任何一家公司都无法置身事外。为了适应不断变化的环境，满足不断升级的客户需求，顺丰速运一直致力于技术创新。技术实力的快速发展既是顺丰速运取得成功的根本推动力，也是各部门职能转型的关键因素。顺丰速运的内部审计部门坚持“基于大数据的持续监控和审计”理念，持续推进数字化转型。

“三杯突围法”

经过多年的探索，顺丰速运审计团队变革传统的审计模式，提出独到的“三杯突围法”。

（1）观念杯。

观念要改变，要跳出传统的思维，不再满足于“发现问题”。内部控制部门要培养产品意识，将对业务的分析视作独特的“产品”，改变风险意识，摒弃过去只强调风险“坏”的一面，而忽视风险“好”的一面的观念，客观科学地看待风险。

（2）模式杯。

审计部门改变了过去“立项—索取资料—分析”的模式，构建了一套具有持续性、周期性，具备一定敏捷度的风险监控体系，具体内容如表 20-1 所示。

表 20-1　审计部门风险监控体系的主要内容

序号	主要内容
1	将审计分析碎片化，不断思考当前业务可能存在的风险点，并将这些风险点进一步碎片化，变成一个个细微的风险域，在每一个风险域里构建一套风险分析指标

续表

序号	主要内容
2	将审计任务工单化，让每一次审计都针对特定的业务风险点，一点一单，一单一点
3	将审计模式持续化，不是为了完成任务而审计，而是因为存在风险所以开展持续性的审计；将碎片化的分析指标、工单化的审计任务结合在一起，共同搭建一套可以持续运作、周期性检查风险的审计模式

（3）科技杯。

数据极为重要，企业利用好数据可以取得事半功倍的效果。但怎样才算利用好了数据呢？需要注意的是，数据不能脱离业务场景，离开了场景的数据只是一堆符号。哪怕算法再好，数据质量再高，脱离了场景，数据也会失去价值。

顺丰速运的数字化审计模式

顺丰速运的数字化审计模式，是一个“审计分析—监控—作业”“三位一体”的系统平台，基于顺丰速运审计团队对各个业务板块底层真实数据的全覆盖。在这种审计模式下，顺丰速运审计团队不局限于财务提供的报表数据，而是更加关注财务报表以外的数据。为此，顺丰速运审计团队以“业务风险研究”的成果为基础，通过对端到端流程、系统的全面检测，建立审计风险框架，明确监控方法。具体来看，这个审计风险框架主要包括三大平台，如表 20-2 所示。

表 20-2　审计风险框架的三大平台

构成平台	主要功能
数据分析平台	顺丰速运结合审计经验，以“审计分析—监控—作业”“三位一体”的系统平台为工具，通过对大数据的分析、挖掘，对风险系统化监控的逻辑进行探索和验证，明确监控规则
审计监控平台	顺丰速运审计团队将风险监控逻辑植入其中，按照既定的周期自动运算，通过 AI 规则，自动输出审计线索

续表

构成平台	主要功能
审计作业平台	顺丰速运审计团队将审计线索集成至该平台，自动实施风险评估；根据风险评估结果，驱动审计计划和任务。进入标准化审计实务环节后，审计人员可以在审计底稿界面查询线索的具体描述，对线索进行核实与记录，实现闭环管理

具体来讲，就是顺丰速运审计团队以分析平台为引擎，源源不断地输出监控规则，以监控平台为导航，发现审计风险，以作业平台为操作仓，践行监控思路，实现线索的闭环管理，将数字化审计的价值充分发挥出来。

目前，顺丰速运数字化审计监控模型体系还不完善，还需要不断更新。顺丰速运审计团队对数字化审计还有一个更远大美好的梦：在实现预警的基础上，要变“业务驱动、经验驱动”为大数据、云审计技术的运用，挖掘数据背后隐藏的规律与真相，实现云协同，实现对风险的事前预测及审计人员的无障碍作业，在数字化审计样本进一步丰富后，利用机器学习、人工智能等技术实现人工智能审计。

第 21 章
智能审计：AI 在审计行业的应用场景

01　AI 时代的审计数智化转型

大数据、云计算、移动互联网等新兴技术的发展为数据存储、查询和计算提供了更加安全便捷的方式，实现了数据信息的随时随地处理。这些技术的应用不仅提高了各个领域数字化、信息化和智能化程度，也极大地促进了人工智能的发展和应用。

目前，人工智能已经被应用到多个领域。2017 年 5 月，普华永道事务所推出人工智能财务机器人。随后，普华永道、德勤、毕马威和安永均将人工智能财务机器人引入会计、审计、税务等工作，推动审计进入人工智能时代。由于人工智能财务机器人能以更低的成本和更快的速度处理数据信息，所以其在审计行业的广泛应用将成为必然趋势。在这种情况下，审计人员要及时学习和掌握关于人工智能的知识和技能，并利用人工智能推进审计系统升级。这一切对审计人员来说既是挑战，也是机遇。

对于审计行业来说，人工智能具有一定的学习和思考功能，能够代替人力快速完成大量简单、重复、低附加值、流程化的基础审计工作，且人工智能在工作时不受人的主观因素和思想的影响，因此在数据处理工作中往往有着远高于人类的正确率，同时可以更好地保证数据安全。由此可见，人工智能的应用将为审计行业带来翻天覆地的变化，将加快整个行业智能化转型步伐。

AI 技术给审计行业带来的变革

（1）促使审计信息处理更加高效。

人工智能可以代替审计人员高效处理海量的专业图表等数据信息以及各类合同单、审批单等文字信息，大幅降低审计人员因为不了解被审计单位所在的领域而花费的时间成本，提高信息处理效率。

人工智能可以高效收集、处理和传递审计信息，快速生成财务报表，让审计人员能够及时根据报表完成数据分析等工作。这主要是因为智能系统中存储着海量专业知识，且这些知识涉及各个领域，所以人工智能在处理数据时，无须在学习相关专业知识方面花费时间，只需要从智能系统中找出所需信息并进行比对即可，从而大幅提高了数据处理效率。

（2）推动审计技术和方法改进。

大数据的应用打破了审计人员的数量和能力对审计工作的制约，帮助审计人员全面掌握关于业务活动的所有数据信息，扩大了数据分析样本，提高了审计工作的全面性和整体性。移动互联网技术的应用打破了时间和地点对审计工作的限制，让审计人员能够随时随地远程获取与被审计单位相关的数据信息，并对这些信息进行分析，为审计人员的工作提供了更多便捷。人工智能技术能够以搭建审计信息网络的方式优化审计方式，提高审计人员的工作效率。

（3）促进审计工作数字化的发展。

随着时代的不断发展，审计环境日益复杂，审计工作对信息量的需求大幅增加。在这种情况下，审计工作实现数字化转型已经成为必然趋势。数字化审计利用人工智能代替人力对数据进行筛选、提炼，从大量数据中提取与被审计单位相关的信息，从而提高了数据筛选环节的工作效率，实现了审计信息高效、全面的应用。

AI 在审计行业发展中的问题

（1）冲击传统审计工作。

现阶段的人工智能已经能够完成收集核对数据、审阅条款账目、制作财务报表等一些简单性、重复性、流程化、标准化的审计工作。在未来，人工智能可能会完全取代基础审计人员。为了避免失业，审计人员需要及时转变工作职能，提高自身的专业能力。审计行业也要适应时代发展，积极应对人工智能带来的冲击，寻求科学合理的方式对失业人员做出安排。

（2）人工智能无法完全替代人工。

人工智能只能代替审计人员处理一部分简单的审计工作，对审计环境中出现的复杂且难以预料的问题往往束手无策，不能做出准确的判断和合理的决策，这就需要具备较高专业素养的审计人员对具体情况进行分析，找出更好的解决方案。由此可见，在审计行业，人工智能并不能完全取代人工。

目前，我国尚处于审计智能化应用的初级阶段，虽然人工智能并不能完全代替人工，但人工智能在审计领域的应用也将全面革新审计行业的工作环境。因此审计人员应主动学习计算机等数字技术，及时掌握行业变化，不断提高自身的实务操作能力、专业素养和适应能力。

02　AI 技术在审计行业的应用优势

随着人工智能的飞速发展，其应用范围不断扩大，人工智能的应用对多个行业和领域产生了巨大影响。其中，在财务审计领域，德勤、普永华道、安永、毕马威都在积极探索人工智能在财务审计领域的应用，并相继推出财务机器人。由此可见，人工智能正在审计领域步步推进，人工智能的应用将对审计工作产生深远影响。

人工智能可以利用计算机的软硬件来模拟人的思维过程和行为，让计算机代替人去完成需要人的智力才能胜任的工作。基于人工智能的计算机系统具有类似人脑的思维方式，能够利用机器学习算法不断学习，并在经过大量训练后，基本实现以人类的思维和处理方式进行工作。

提高审计工作效率

在数字经济时代，各种新兴的数字技术层出不穷，企业外部的市场环境和内部的管理运维模式都发生了巨大变化。对审计工作来说，数据量大幅增加，数据结构日渐复杂，数据的种类和形式也越来越丰富，审计人员既要处理结构化数据，也要处理非结构化数据。

人工智能具有强大的数据处理功能，能够快速自动完成数据采集、数据筛选、数据计算、数据分析等工作。这既能节约花费在审计工作上的时间成本，也能更迅速、更准确地处理审计数据，为审计人员分担一部分工作，提高审计工作的实时性和效率，革新审计方式和审计技术，可以让审计人员投入到更具价值的非结构化数据的审计工作当中。

扩大审计范围，降低审计风险

人工智能可以代替人类高效地完成简单的重复性的工作，其在审计领域的应用能够明显提高审计效率。这样一来，审计人员就可以充分利用人工智能无间断、高效率工作的特性，通过扩大审计数据的范围来实现对审计风险的有效控制。

不仅如此，审计人员也可以将样本审计转向全面审计，充分利用人工智能采集海量数据，并对这些数据进行归纳分析，从中提取有价值的信息，进一步降低审计风险，让审计人员有更多的时间和精力用于提高审计工作的质量。

人在工作过程中难以避免地会受到自身能力、精力、情绪、感情和工作环境等因素的影响，导致在工作中出现失误，影响工作结果的准确性和真实性。

而人工智能以计算机技术为依托，在工作过程中可以做到不受人为因素的影响，严格遵循预先设定的工作程序，确保判断的公平公正。因此，将人工智能应用到审计工作中能够有效防止审计结果被人为因素干扰，有效提高审计结果的准确性和真实性。

实时反映信息、数据的变动情况

一般来说，年度财务报告在企业结束整年的生产经营后的第三个月或第四个月才会公布。这主要是因为传统的财务报告编制需要由人工完成，往往要花费大量时间进行分析、对比和测算，效率比较低。而人工智能的应用能够大幅提升数据处理速度，实时编制财务报告，有效增强会计信息的及时性和有效性，避免企业决策层因为财务报告的滞后性而做出错误的判断和决策。与此同时，人工智能的应用也有助于企业集中开展审计工作。

随着经济的发展和技术的进步，财务报告的时效性变得越来越重要。其中，银行、证券、保险等对业务数据和风险控制有较高要求的行业对实时财务报告的需求尤为突出。

03　审计行业如何应对 AI 时代的来临

人工智能在审计领域的应用革新了审计模式，在给整个审计行业带来巨大变革的同时也带来了新的机遇和挑战。智能化的审计机器人不仅能够代替审计人员完成简单、重复的基础性工作，还能激励审计人员持续学习，通过不断学习新的知识和技能来增强自身能力，让审计人员能够利用计算机从容地处理审计工作中出现的差错，这大大提高了审计工作的先进性。

适应多变的审计环境，培养全面的审计从业者

随着科学技术的飞速发展，审计行业的环境不断变化，人工智能在审计行业的普及应用成为企业顺应时代发展、环境变化和技术进步的必然选择。因此，审计人员需要不断提升自身的综合素质，不仅要在实操中学习审计知识，积累审计经验，还要及时转换职能，同时了解并掌握经济、统计、审计、计算机等多个学科和领域的知识与技能。

在数字经济时代，数据量急剧上升，数据的复杂度和多样性也越来越高，越来越丰富，这就要求审计人员必须具备较高的数据辨别能力，因此数据审计师将会成为审计人员的职业发展的重要方向。

依托会计信息管理系统，实现审计人员的职能转换

进入大数据时代后，审计事务所和企业能够获取多个渠道的数据信息用于决策。在云计算技术的支持下，财务人员可以采集并整合大量竞争者的信息，扩大财务分析范围，为领导层决策提供支撑。除此之外，审计人员还可以利用监控公司财务信息系统的方式提升

审计工作的效率，确保信息的安全性与可靠性。

随着人工智能的普及应用，审计人员一方面要加强对审计会计知识的学习和应用，进一步提高自身能力和专业素养，学习关于计算机技术的知识和技能，提高对审计、会计、计算机等方面知识与技能的综合运用能力，并以审计工作的实际情况为参考对智能系统进行调整和优化；另一方面要加强经验积累，提高自身的判断能力和风险应对能力，从而有效防范风险。总而言之，在职能上，审计人员需要实现从单一审计向综合审计转变，并以自身经验作为对人工智能的补充，以便适应智能化的审计工作。

综上所述，审计从业者应提高对技术创新和行业变化的敏感性，积极应对时代变化和技术进步带来的挑战，把握机遇，不断提高自身的专业素质和能力。现阶段，我国投入大量时间和精力研究人工智能的应用给审计行业带来的变化，却忽视了对人工智能系统安全性的研究，未来需要不断增强人工智能的安全性和可靠性。

由于人工智能既无法对突发事件进行应急处理，也难以保证系统的安全性，因此不能代替审计人员完成所有的审计工作。目前，人工智能技术还不够完善，难以安全稳定地传输和存储数据信息。为避免出现信息泄露、信息错误等问题，审计人员必须保持应有的职业谨慎，科学合理地使用该技术。

04　德勤：AI 审计系统的应用场景

2016 年 3 月，德勤与 Kira Systems 合作推出基于人工智能技术的德勤智能会计机器人，推动财务领域进入智能化、数字化的新时代。

德勤智能会计机器人融合了德勤的财务业务知识、认知技术和 Kira Systems 的机器学习技术，能够利用财务数据加工模型、审计模型等高效阅读复杂的文件和数据信息，并提取出有价值的信息进行分析和利用。

企业在进行调查、合并、合同管理、租赁协议等需要进行文件审阅的商业活动时，通常要在查询商业术语上花费大量时间。随着企业数据量增长速度的不断加快，商业模式日新月异，企业不得不提高审计效率。在这种情况下，德勤智能会计机器人将发挥重要作用，代替审计人员完成文件审阅等工作，让企业更快适应数字时代带来的变化。

文件审阅是审计人员应用认知技术的主要环节。如果企业的审计人员没有应用认知技术进行文件审阅，就不得不花费大量时间来调阅所需材料。而融合了认知技术的智能审计可以辅助审计人员快速审阅和查找信息，节约时间成本，让审计人员有更多时间去处理战略问题。

德勤公司应用的人工智能审计系统涵盖了初始化阶段、实质性测试阶段和生成工作底稿阶段 3 个流程。系统以审计人员预先设置的要求为依据，以数据库中的知识为基础，自动将各个阶段细分成多个推理判断步骤，再逐步审查财务资料和其他相关资料，发现其中的错误数据、异常数据等，并将这些数据信息集中整合进表格或在审计意见初稿中呈现出来。不仅如此，系统还具备人机对话功能，能够让审计人员监控任意阶段的审查情况，提高审计工作的计算速度和决策效率，帮助企业降低风险，获取更多经济效益。

认知技术的应用在提高审计效率，解放审计行业人力资源的同时也为审计从业者带来了更大的就业压力。在这种情况下，脱离了简单的重复性劳动的审计人员需要不断增强自身的洞察能力，充分利用自己具备的知识、能力和经验提高审计质量。

人工智能和机器学习等技术与审计工作的融合既革新了原有的

审计方式，也能创造出许多更加数字化、智能化的审计方式，并逐渐将并行处理、算法优化等技术落实到审计实务当中，为审计人员的工作提供便利。

智能化的审计软件能够利用大数据和人工智能等先进技术迅速对大量数据进行分析处理，并将分析结果作为依据为审计人员的决策提供支撑。具体来说，当审计人员在审计软件中输入财务报表、财务数据、企业性质、所处地区、所在行业等数据信息时，审计软件能够通过对这些数据进行分析，自动生成包含审计重点科目、各个科目的变化、主要风险领域和相关审计经验等信息在内的审计资源，辅助审计人员工作。但 AI 审计系统只能提供建议，无法进行专业判断，仍然需要审计人员根据系统建议以及自身的知识和经验做出精准判断。

在审计领域，人工智能的应用有助于审计人员科学合理、快速准确地决策。以德勤人工智能审计系统为例，该系统能够充分发挥计算机技术准确、快速处理信息的优势，提高判断、推理等环节的工作效率，在提升审计效率的同时降低审计风险。

一方面，在分析和核查审计证据时，德勤人工智能审计系统的速度远远高于传统的审计系统；另一方面，在审计实务中，样本数量和风险之间存在反比例关系，也就是说审查的样本越多，风险就越低，所得出的审计结论的准确性和可信度就越高。因此，使用人工智能审计系统进行样本审查有助于提高审计报告的质量。

第 22 章 数智蝶变：内部审计部门的转型方法

01 内部审计部门数字化转型的战略路径

审计是规范企业经营、保障经济安全的重要手段，需要以大量数据为依托，对数据有着较强依赖。近年来，随着数字经济的快速发展，产业数字化转型不断推进，审计同样需要借助科学技术实现数字化转型，并在此基础上提高自身价值。在此背景下，很多企业都开始推动内部审计部门开展数字化转型。

内部审计部门数字化转型的动因

内部审计部门数字化转型的原因主要包括以下三点，具体分析如下。

（1）内部审计部门转型的内在需要。

内部审计与外部审计相对，指的是“组织内部通过审查和评价业务活动、内部控制和风险管理的适当性和有效性来促进组织目标实现的一种独立客观的确认和咨询活动”。内部审计要对组织的风险管理、控制与治理等过程进行评价，利用最新的技术手段扩大审计的覆盖范围，从事后审计向事前审计、事中审计延伸，从单纯的会计审计向业务审计与管理、治理职能拓展，通过对海量数据进行挖掘，发现组织可能面临的风险，并及时干预，做好风险管理。

（2）适应审计对象数字化的需要。

随着计算机、互联网、人工智能等技术在各行各业的深入应用，产业数字化转型趋势越发明显，数字技术逐渐成为各类生产活动离不开的一项关键技术，数据也成为企业的一项重要生产要素。随着数字技术在企业营销、风险控制、运营、服务等环节的深入应用，这些环节也将实现数字化转型，从而倒逼内部审计部门实现数字化转型，以降低审计成本，提高审计效率。

（3）信息科技发展为审计数字化转型提供了技术手段。

在 5G 时代，互联网、移动互联网以及物联网的广泛应用可以实时产生海量数据，大数据、云计算以及人工智能等技术的应用又使人们的数据处理能力大幅提升，这对传统审计方式的转变以及远程审计、非现场审计、持续审计、敏捷审计等审计方式的创新发展产生了积极的推动作用。在这些新型审计方式的支持下，内部审计部门将快速实现数字化转型。

驱动企业数字化转型

鉴于在企业中的独特地位，以及内部审计对数据应用范围之广、程度之深，内部审计部门在企业数字化转型的过程中扮演着重要角色。在数字化时代，内部审计部门的数字化转型已经成为一个必然趋势，会对企业数字化转型产生积极的推动作用。

（1）数字化的内部审计部门可以作为企业数字化的重要推手。企业在数字化转型过程中会遇到各种问题，例如，缺乏总体规划、内部各部门无法协同、重复建设等，导致各部门之间的数字化能力存在较大差异，数字化转型进度快慢不一，部门之间总是相互推诿责任。面对这些问题，企业内部审计部门可以利用法律赋予的特权对数字化转型过程进行监督管理。

为了充分发挥监督作用，审计部门可以创建用于评估企业数字化转型能力的体系，对企业数字化转型技术的先进性、资源投入的合理性以及数字化应用的广度与深度进行科学评估，发现企业数字化转型过程中存在的问题，并提出改进意见，逐步建立高效协同的数字化经营管理体系，为企业的数字化转型保驾护航。

（2）数字化的内部审计部门可以作为企业数字化转型的示范基地。内部审计部门的数字化转型和企业的数字化转型具有同质同构的特点，前者可以为后者提供成功的经验与方法。内部审计部门在数字化转型过程中特别注重流程规范与实施效能，会尽最大努力规避转型风险，所以其成功经验可以为其他部门及企业的数字化转型提供有益借鉴，成为其他部门和企业数字化转型的示范。

（3）内部审计部门可以作为企业数字化转型的能力中心。在企业各部门中，内部审计部门是对数据应用规模最大的一个部门，可以将数字化转型过程中积累的数据、模型、工具、系统等能力释放出来，与其他部门共商、共建、共享，共同提高数字化能力，对数字化转型风险进行联防联控，为企业创造更大的价值。如果内部审计部门的数字化能力发展到较高水平，还可以对外开放，为其他企业提供数字化审计能力与服务，创造更多利润，提升部门价值。

审计数字化转型的 5 个阶段

内部审计部门数字化转型需要经历谋划、规划、实施、释能和完善 5 个阶段，整个过程需要稳扎稳打、循序渐进。下面对各个阶段的工作任务进行具体分析，如表 22-1 所示。

表 22-1　审计数字化转型各阶段的主要工作

5 个阶段	主要任务
谋划阶段	审计部门的工作任务是通过同行业交流或者跨行业交流了解行业数字化转型的最佳实践，并根据企业的实际情况制定数字化转型的初步方案，明确数字化转型的目标及具体任务，对数字化转型的工作量、投入的资源与时间等做出科学评估
规划阶段	审计部门可以通过成立项目小组或者引入外部咨询机构等方式确定数字化转型的目标和任务，制定数字化转型的具体方案，做好规划，以免浪费时间与资源，保证数字化转型有序落地
实施阶段	企业要建立以审计部门为主导、多部门协作的工作机制，推动数字化转型的九大任务有序落地，最大限度地实现内部审计部门数字化转型成果的共享，建立健全风险防控体系
释能阶段	企业要借助培训、宣传、考核等方法为内部审计部门的数字化转型保驾护航，将数字化审计体系的能力充分释放出来，为企业创造更大价值
完善阶段	企业要根据内部环境与外部环境的变化，利用新技术建立健全数字化审计体系，弥补数字化审计体系的缺陷，保证数字化审计体系始终能够适应企业发展，满足企业需求

02　技术：数据+模型+工具+系统

内部审计部门数字化转型先要确定目标，更好地履行内部审计的职能，促使内部审计的价值实现最大化。一般来讲，内部审计部门数字化转型的目标主要包括降低成本、提高效率、控制风险、增加价值。

过去，内部审计一直是企业的成本中心，通过引入大数据、人工智能等技术实现数字化转型不仅可以降低成本投入，获取更大价值，而且可以不断提升自身价值，为企业发展做出更大贡献，改变成本中心的地位，成为企业重要的核心能力。

数　据

在数字化时代，数据是企业一项重要的生产要素，其重要性与土地、劳动力、资本、技术等要素相同，为内部审计部门数字化转型奠定了重要的基础。对于企业来说，数据获取、分析与应用能力十分重要。

在企业内部，审计部门的数据应用规模以及应用范围要比其他部门大很多，所以要充分利用人工智能、大数据等技术扩大数据获取范围，提高数据治理与应用能力，为数字化转型奠定良好的数据基础。

内部审计的数字化转型要结合具体的应用场景，坚持“以用促建”原则，组建数据梳理团队和数据应用场景研究团队，对各种组织资源进行充分调动。在对各类数据进行整合、对各种审计应用场景进行梳理的基础上，要打造一个涵盖全部数据的响应速度快、安全性比较高、扩展性比较强的基础平台，不断提高数据治理能力。

另外，审计的数字化转型要在符合相关法律法规的基础上，通过内部挖掘、外部合作等方式丰富数据类型，夯实数据基础，扩大数据来源，收集员工、客户、业务和机构等多渠道的数据，提高数据加工处理能力，对异构数据进行有效处理，充分释放各类数据的价值，为内部审计部门的数字化转型提供强有力的支持。如果审计人员在收集、挖掘数据的过程中发现数据质量存在问题，要及时向数据管理部门反馈，做好数据管理工作，提高数据质量。

模　型

内部审计部门数字化转型需要构建各种模型体系，包括规则类模型体系、统计类模型体系、机器学习类模型体系等，利用模型对数据进行分析。但模型创建并非易事，企业需要以内外部的调研结果为基础，对现有的模型进行整合，并积极借鉴成功机构的经验，建立涵盖模型需求、开发、评审、上线、使用、优化、下线等环节的模型全生命周期管理体系，将模型在数据分析与挖掘方面的作用充分发挥出来。同时，企业内部要对模型进行共享，减少重复建设。

工　具

内部审计部门数字化转型离不开工具的支持。内部审计部门要以内外部数据调研结果为基础，结合具体的应用场景以及数字化转型需要，建立健全数据工具体系，优化并完善数据分析工具，创建一个集查询、分析、展示等功能于一体的可视化平台，满足审计人员日常工作对工具的需求。

企业一方面要对数据的访问权限进行严格管控，另一方面要向有能力的审计人员开放 SQL 工具、SAS 分析平台等专业分析工具，以提高建模效率，同时要加强对 R、Python 等高阶数据挖掘工具及语言的探索，利用 OCR、ASR、NLP 等工具对异构数据进行处理，利用 RPA 等工具实现文本、报表与数据的自动化大批量下载与加工，从而提高数据处理效率。

为了降低数据采集成本，审计部门要广泛使用远程访谈、视频会议、图像采集与识别、电子档案管理与调阅等工具，利用先进技术将审计人员从简单且重复性的劳动中解脱出来，让其将更多时间与精力投放到高级审计作业与核心审计价值创造中，降低审计成本，提升审计效能。

系　统

内部审计部门数字化转型要以系统为载体，通过审计系统打通数据分析、审计作业和审计管理等功能。

一般来说，审计系统主要包括分析平台、监控平台、作业平台和支持平台。其中分析平台的主要功能是引入内外部数据，利用先进的数据挖掘工具对数据进行分析，将数据分析融入审计作业的全过程。监控平台的主要功能是对组织经营管理数据及指标进行持续监测，建立健全风险预警机制，围绕不同的主题编制风险视图，及时发现企业可能面临的重大风险，开展持续审计与敏捷审计，为编制年度审计计划及开展审计项目提供依据。作业平台的功能是为审计作业与管理提供支持，辅助审计部门编制内部审计计划、内部审计方案，对审计数据进行分析，形成审计报告，对审计过程、资源以及项目进行跟踪管理。支持平台的功能是满足内部审计对知识、技能、资料、制度、模板、样本等内容的需求，为审计人员开展审计工作提供丰富的工具。

审计系统的应用架构设计要对组织内部各部门在数据、模型、工具、流程、成果等方面的共享进行综合考虑，在此基础上构建各部门联防联控的企业级审计平台，同时要对多法人架构进行考虑，满足企业内部资源共享或者为其他企业提供审计服务的需要。

数据、模型、工具与系统构成了审计数字化转型的微观技术基础，是现代信息技术在审计领域应用的综合体现，为审计数字化转型提供了强有力的技术保障。

03 机制：制度、流程、团队

制　度

内部审计部门数字化转型需要规范的制度为其提供保障。在建立健全相关制度的过程中，审计部门需要根据审计目标、审计方法、工作内容、作业流程、人员能力等要素重新架构审计制度体系，对现有的制度内容进行优化调整，增加新制度，剔除旧制度，尤其是传统审计项目驱动和现场优先的一些旧制度，以审计章程为指导，对审计业务、内控评价、质量管理、事务管理、机构人员管理、工具和模型管理、联防联控等内容进行调整，推动持续审计、敏捷审计、远程审计和价值审计等新审计形式的快速发展，为内部审计部门数字化转型提供强有力的保障。

流　程

内部审计部门数字化转型要通过流程体现出来，因此，企业要配合审计技术、团队、制度和系统建设对内部审计流程进行重构，对现有的审计流程进行调整，充分发挥数据的功能。要颠覆传统的以项目为单位的“现场优先、抽样审计”的审计方式，全面推广“以数据分析为主、全面覆盖”的现代化审计方式，打造一个“以持续审计为基础、以敏捷审计和项目审计为支撑”的审计作业体系。

内部审计要利用人工智能、大数据等技术缩短审计时间，减少审计过程对资源的消耗，推动审计成果快速转化，让审计释放出更大的价值。同时，审计人员要找到整个审计过程中可以利用数字化技术改造的环节，利用数字化技术打造一个标准化、智能化，可以在线上运转、实现灵活配置的审计流程，利用 RPA 等工具替代人工操作流程，让审计工作更加透明，提高审计工作的开展效率，通过全流程线上化打造一个完整的数据闭环，为数据分析奠定良好的基础。

团　队

内部审计数字化转型离不开人员的支持，为此，企业需要创建一个分层级的新审计团队，提高复合型人才（既具备数据分析能力又熟悉业务）在整个队伍中的占比。要定期组织人才培训，加强管理与考核，通过这些措施提高全体审计人员的工作能力，增进审计人员与业务人员的协同，打造一支技术能力强、数据思维能力强、对业务深入了解的审计队伍。通过从外部引入人才或者与外部技术厂商合作解决人才稀缺问题，为内部审计部门的数字化转型提供强有力的人才保障。

04　组织：架构变革与文化引领

架　构

内部审计部门的数字化转型离不开一个合理的架构，为此，企业要打破部门之间的限制，创建虚拟团队，采用灵活的组织方式创建一个相互协同的工作机制。具体来看，这个架构应该包括以下几个部分，如表 22-2 所示。

表 22-2　内部审计部门数字化转型的架构设计

组成部分	主要任务
数据小组	广泛收集审计数据，并对数据进行深入分析与挖掘
模型小组	快速创建各种审计模型，满足项目审计以及课题研究的需要
平台建设小组	持续推进审计系统建设
保障支持小组	对组织内部的检查监督资源进行统筹协调，解决各个小组在工作过程中遇到的各种问题，做好风险管控
内部审计部门数字化转型项目团队	对内部审计部门数字化转型发挥强有力的推动作用

文　化

内部审计部门数字化转型需要文化的引领，需要重塑审计价值观，创造全新的审计文化氛围，引入先进的审计理念、审计方法和审计技术，构建一个和谐、共生的审计生态，为内部审计部门的数字化转型提供强有力的保障。

企业要创建科学的审计价值观，在不违反相关法律法规的前提下大力发展价值增值型审计，积极推动“三道防线”① 联防联控和跨部门协同，推动审计成果转化为实实在在的价值。同时，企业内部咨询机构要在组织创新与发展的过程中发挥积极作用，助力审计部门创造出更大的价值。

企业要营造良好的审计文化氛围，让员工认识到引入先进技术对审计过程进行数字化改造的重要性，通过对优秀的审计项目、审计模型进行评选，对成功的项目经验进行交流等形式分享成功经验，在企业内部形成崇尚审计技术应用、创造审计价值的良好文化氛围。

---

① 第一道防线是第一线的运营及管理，是对风险和控制责任的分配；第二道防线是对第一道防线的监督、检查，避免疏漏；第三道防线是内部审计，它对董事会和高级管理层所关心的风险及其控制的有效性进行独立审计并报告。

第八部分　数字化内控

第 23 章
数字化内控：提升企业内控管理效能

01　数字化赋能企业内控管理

随着人工智能、大数据、云计算等技术的快速发展，数字化转型已成为企业重塑业务流程，提高运营管理效率以及价值创造能力，促使管理决策更加智能、更加科学，提高企业内部控制系统的智能化水平的重要路径。同时，智能化的内部控制系统也能为大数据、云计算等数字技术在企业中的应用创造一个良好的环境，对企业的数字化转型产生积极的推动作用。

事实上，相较于财务、业务两大部门，数字化在内部控制领域的应用有着天然优势，二者之间的关系更加密切。因此，在企业数字化转型的过程中，企业的内部控制体系自然也要开展数字化转型。

数字化转型如何影响业务流程?

随着企业数字化转型的不断推进，部门之间的隔阂将逐渐消除，各类信息将实现自由流动，由此带来业财融合需求。在这种情况下，财务业务伙伴（Business Partner，BP）的地位将变得越发重要，业财融合将对数智化系统产生严重依赖。

在数字化转型的背景下，业财融合要求企业对业务流程进行规范与调整，利用新技术优化业务流程，将其由事务驱动转变为数据驱动，打破各部门之间的隔阂，促使各部门紧密地联系在一起，促使整个业务流程实现数字化。数字技术在企业的深入应用，必将使企业打破原有的业务流程与规则，创造一套全新的业务流程与规则，从而充分发挥数据的功能，提高企业内部控制与管理的智能化水平。

企业内部控制是通过自我调整、约束、规划、评价、控制等一系列措施提高经营活动的价值以及经营效率，是保证各项业务流程合乎规范，实现高效运作的重要手段。在企业数字化转型的过程中，业务流程以及内部控制体系、运行规则也将实现数字化转型。

数字化带来的企业内部控制变革

随着云计算、物联网等数字技术在企业的深入应用，企业的数字化转型进程将不断加快，进而推动企业的内部控制体系重构，促使企业的内部控制模式与内部控制活动的重点实现变革。这种变革主要表现在以下 3 个方面。

- 内部控制方式的自动化、智能化水平得以大幅提升；
- 随着数字化系统的深入应用，内部控制效率以及有效性将得以大幅提升；
- 企业的内部控制制度将发生重大变革，以满足随数字化转型而诞生的新技术、新系统的运行需求。

在财务管理领域，职责分离控制制度的不完善，或者相关措施无法落地执行，导致财务人员的行为缺乏有效监管，财务人员私自挪用资金或者侵占资金的事件频频发生。随着大数据、区块链等数字技术的广泛应用，基于数字化系统的内部控制制度对系统权限做了严格限制，一些流程实现了自动化改造，从而实现了职责分离，这使得财务人员的舞弊行为以及人工操作所造成的各种失误大幅减少，财务风险得到了有效控制。

在数字化转型背景下，企业内部控制制度的运行效率得到了大幅提升。事实上，企业开展内部控制的一个主要目标就是提高经营效率，但很多企业在建立了完善的内部控制制度之后，因信息系统只能发挥辅助作用，审批、检查、复核等工作仍需要人工来完成，反而在业务流程上消耗了很多时间，达不到预期的效果。

除此之外，数字化的内部控制系统还担负着风险监控的重任，不仅要监控业务流程以及经营管理领域存在的风险，还要监控信息系统以及数据中台存在的风险。例如，在数字化转型的过程中，企业为了打通各个信息系统，实现数据的自由流通而建立了数据中台，随后还要建立与之相适应的内部控制制度对数据中台进行管控，以保证数据中台规范运行，并对相关风险进行有效防控。

02　基于数字科技的企业内控系统

在数字经济时代，各种新兴数字技术在企业生产、经营、管理等环节实现渗透应用，成为企业管理变革的重要驱动力。其中，企业内部控制管理是企业用以确保经营活动合法性和有序性、资产安全性以及财务报告等信息完整性的有效手段，也是企业管理中的重要环节。因此在数字化转型的背景下，企业要充分利用数字科技推进企业内部控制系统实现数字化转型。

目前，企业要想推进内部控制系统数字化建设，必须解决以下问题：如何通过强化内控来革新管理流程？如何满足数字科技的发展要求？如何提高内控效能？

数字科技主要通过在效率和效益上发挥作用来实现企业内控系统的优化升级。

数字化转型是一项复杂的系统工程，涉及企业管理的方方面面，具有全面性和系统性的特点，而企业内部控制系统的数字化转型也具有相同的特点。企业内部控制是强化企业管理的重要方式，也是企业风险管理的一项重要手段。完善的内部控制体系有助于企业及时识别、评估和控制企业运营中可能面临的风险，将风险管理落实到各个具体环节，进而有效控制风险。

在具体实践中，企业可以利用大数据技术实现智能化内控风险评估，准确识别出风险较大的业务领域和业务环节，以便企业找准管控目标，更好地开展内部控制和监督管理工作。具体来说，企业可以使用风险矩阵绘制风险矩阵坐标图，分析内部控制的历史设计和历史运行数据，并在此基础上建立内部控制风险库为企业内控评估服务。

数字化转型将改变企业的内部控制体系。例如，企业数字化转型为内部控制带来了电子签章、人脸识别、指纹识别、信息系统权限设置等智能化技术，这些技术的应用有助于企业完善职位分离制度和授权审批制度，创造全新的岗位牵制形式，强化对业务流程的控制，在内部控制方面也能够提升效率，优化效果。

一些企业之所以难以实现有效的内部控制，主要是因为企业虽然设计了相对完善的内部控制体系，但并没有积极落实，导致风险识别与干预的效果比较差。而企业利用数字化工具和技术设计的内部控制制度具有标准化、不可人为操纵等特点，能够更好地运行，充分发挥其风险控制作用。

这种基于数字技术的标准化内控系统不仅能够帮助企业实现内

控效率的提升和成本控制，还能简化操作方式，让企业各部门只需利用操作手册就可以实现信息技术的内控操作。

标准化的内控系统既有操作性强、难度低等优势，又能指导员工执行内控程序，有效提高员工在业务处理和风险控制方面的工作效率。对于一些大型集团公司来说，由于其经营范围比较大、分支机构比较多，所以内部控制的难度比较大。这种基于数字技术的标准化内控系统恰好能够满足其对内部控制的需求，可以大大减少企业在内部控制方面的成本支出。

随着企业的不断发展，业务模式也会为适应发展要求而不断改变，在此形势下，企业的内部控制体系也需要随之更新，因此内部控制体系设计要强调灵活性和应变性。但由于传统内部控制模式中的内部控制体系难以实现实时更新，因此企业要利用数字技术为内部控制体系赋能，提高内部控制体系的灵活性和应变性，让内部控制体系能够随业务模式的变化而实时更新。

03　企业内控流程的重塑与再造

从控制范围看，内部控制可以划分为财务控制和管理控制。其中，财务控制指的是围绕财务报表、财务组织以及相关流程发生的控制。基于数字化技术创建的财务数字化系统对财务运作流程进行了重构，极大地提高了财务数据的质量以及财务运营效率，降低了财务数据缺失、质量参差不齐等风险，可以通过财务数据挖掘获取更多有价值的信息，为管理、经营、决策赋能。管理控制涉及企业生产、经营、管理、技术等各个环节。

在数字化转型的背景下，企业需要利用数字技术对这些环节的内部控制制度进行改造，提高内部控制的质量与效率，具体措施如

表 23-1 所示。

表 23-1　基于数字技术的内部控制制度

环节	主要功能
采购与付款环节	基于数字技术的内部控制系统可以利用大数据、人工智能等技术对上游供应商的信息进行分析与整合，对供应链管理系统进行智能化改造，切实提高资源利用效率以及生产效率，让企业所能获得的经济效益实现最大化
销售与收款环节	数字化的内部控制系统可以通过预设的程序对客户资质进行审核，生成订单，并将订单发送至仓储中心、物流系统以及财务系统，打造一个自动化的“销售—收款”流程，减少人为干预，切实提高内部控制效率
内部控制措施环节	随着基于数字技术的内部控制系统不断演进，相关流程不断完善，相较于传统的内部控制措施来说，数字化的内部控制措施将发生巨大改变，这种改变主要体现在风险控制、不相容职务分离控制、授权审批、会计系统控制、财产保护控制、预算控制、营运分析控制、绩效考评控制等方面

另外，相较于传统的内部控制体系来说，数字化的内部控制体系更加注重信息技术的应用，更加强调保证信息系统的安全。在数字化转型的背景下，企业的业务运作将对数字化系统产生较强依赖，因此企业内部控制系统的数字化转型也要加强对信息系统的控制。具体来讲就是要加强对信息系统的开发与维护，设置严格的访问权限，明确数据输入与输出规范，保证信息存储安全，做好网络安全控制，保证信息系统的授权、运维、存储等符合相关规定。

总而言之，在数字化转型的背景下，企业的内部控制制度建设要积极引入新技术，重构内部控制体系，为数字技术在企业内部的广泛应用起到积极的促进作用。

04　企业数字化内控体系的构建策略

数字化内部控制体系有更高的效率，能够创造更高的效益，那么企业应该如何构建数字化内部控制体系呢？具体来讲可以采取以下措施。

（1）企业要加强信息化建设，不断完善与优化会计信息系统，并在此基础上持续推进各个部门的数字化转型。要营造良好的企业数字化环境，强化信息系统的各项数字化功能，深入融合数字技术与内部控制，让数字化内部控制体系充分发挥价值。

由于财务报表的内部控制在企业内控体系中占据着十分关键的位置，因此在数字化内控体系构建过程中最关键的一环就是搭建科学完善的会计信息系统。基于大数据的内部控制能够对会计信息系统中的隐患进行合理分析和精准预测，并对系统进行完善，对企业各项经营活动产生的会计信息进行实时监控。

（2）企业应在数字技术的支持下推进多部门协作。对于企业的内控管理部门和信息技术部门来说，要以自身内控制度的建设和落实现状为依据积极开发内控管理数字化工具。对企业的任何一个部门来说，内部控制都是与自身息息相关的管理活动，因此所有部门的员工都要接受培训并熟练掌握关于数字化内控系统的操作技能。

（3）企业应建立一体化管理制度，打破各个部门之间的数据壁垒，并在此基础上集中管理各项事务和流程，打造标准化、规范化的业务流程和管理体系。

与此同时，企业的内部控制部门可以对采购、营销、销售、库存等数据进行全方位分析，深度把握各个流程内控的运作情况，以便及时发现问题、解决问题，提高内控数字化系统的规范性和运行效率。

（4）企业应增强内控信息化系统的洞察能力，以便跟随技术进步和业务变革不断进行迭代升级。由于数字化技术发展迅速，因此企业对数字化内控系统的开发不仅要充分利用最新的技术，而且要充分考虑长期的业务发展趋势和技术创新方向，为内控信息化系统的迭代做好准备。

（5）企业应将数字技术融入业务流程，在业财一体化的基础上利用数字技术实现业务流程的标准化。同时，企业还应掌握内部控制的逻辑，创建成本低、手段多、效率高的数字化内部控制体系，利用数字技术推动内控流程规范化建设。

第24章
数字化内控时代的全面预算管理策略

01 企业全面预算管理存在的问题

全面预算管理是指财务部门根据企业预算，对企业内部的部门、业务、资源等进行统筹规划，促进各项资源优化配置，调整企业经营策略，推动企业生产经营活动高效组织和开展，以帮助企业实现更好的发展。全面预算管理是企业经营发展中的一项重要活动，企业应当立足于自身发展情况合理开展全面预算管理。

随着新一代信息技术的不断进步，企业开始将其应用于全面预算管理，进一步加快了企业数字化转型的进程。新一代信息技术在全面预算管理工作中的应用，能够为相关责任主体带来更加便捷高效的手段和工具，让他们能够借助新一代信息技术对企业内部的预算数据进行整合分析，充分挖掘数据价值，制定合理的企业经营策略，对全面预算管理工作进行动态优化、实时调整和细节控制，从而实现高效的全面预算管理。

现阶段，我国企业对全面预算管理的应用还处在初级阶段，在运行中尚存在一些问题，再加上绝大多数企业开展了数字化转型，这一系列因素使得原有的问题更加突出。

预算管理的精细化程度不足

预算管理工作的开展离不开预算编制，即预算目标的确定，而预算目标的确定又离不开全面数据的支撑。现阶段，企业在确定预算目标时大多采用上下级博弈的方式来实现，对相关数据的收集、整合、分析工作不够充分，主观因素较多，客观因素不足，导致预算编制的时效性与准确性较差。此外，现阶段的预算管理大多聚焦于静态的财务数据和汇总数据，缺乏与业务的动态联系，无法实时捕捉相关动态数据，可能会造成许多关键数据的遗漏，无法实现经营管理全流程的实时监控，降低了预算管理的精细化程度。

预算管理缺乏决策支撑

大多数企业在进行全面预算管理时，由于没有充分收集、整合相关数据，所以无法通过数据分析为企业决策提供强有力的支撑，同时也无法发现和预警潜在的问题与风险，从而造成数据浪费。此外，大多数企业通常只注重预算编制和预算考核，在资金全程把控、业务与战略全程引导方面存在不足，因而不仅降低了预算管理的效率，而且无法扩充数据库，无法支撑企业的经营管理决策。

欠缺完善的预算绩效评价体系

目前，由于我国将全面预算管理引入企业经营管理的时间比较短，尚没有形成成熟的预算绩效评价体系。一方面，企业各部门对预算管理工作的参与程度差异较大，且现阶段的预算考核机制对各部门的要求也不同；另一方面，现阶段的预算考核指标不清晰、不科学，考核内容不具体、不量化，考核工作透明度比较低，无法实现有效的预算绩效评价。此外，数字化技术没有在预算管理工作中实现深度应用，使得预算绩效评价体系缺乏全面的数据支撑，从而进一步降低了预算考核机制的科学性，无法满足财务数字化转型的需求。

预算管理与数字化之间差异很大

现阶段，企业开展预算管理工作时，仍在沿用传统的预算管理方式，即在进行预算编制、实施、分析、考核等工作时，仍借助人工或简单的财务软件来完成，没有充分利用数字化工具。而预算管理涉及各个信息系统的数据，数据类型复杂且数量庞大，仅采用人工的方式无法实现相关数据的全面收集与有效整合。同时，人工分析既不能保证数据分析结果的准确性，也无法深入挖掘数据的价值，可能导致预算管理工作的可靠性、科学性及有效性大打折扣，导致预算管理达不到数字化的要求。

02　构建预算管理数字化体系

预算是指通过对企业内部环境与外部环境的分析，在预测与决策的基础上对可用的资源进行调配，对企业未来一段时间的经营活动进行规划，并有针对性地制订财务计划。在传统的预算模式中，工作人员通常要在预算编制、预算控制、预算分析等工作中投入大量的时间与精力，而且需要手工制作电子表格，即便有可以借助的工具，也是单一的预算软件，导致预算管理的信息化水平比较低。

尤其是数据分散存储在不同的信息系统中，无法实现互联互通，导致很多数据得不到充分挖掘与利用。财务人员不能从这些数据中提取到有价值的信息，无法为预算编制提供科学、有效的支持。而预算管理数字化的核心要义就是对数据进行充分挖掘，基于数据分析结果做出科学决策。基于此，为了建立数字化的预算管理体系，企业应推进财务的数字化转型。

在数字化时代，全面预算管理必须与数字化技术深度融合，以适应企业数字化转型的要求。在数字化转型背景下，企业可以从以下几个方面制定相应策略，深化全面预算管理的数字化变革。

建立科学的数字化预算管理体系

传统的预算管理体系通常是立足于财务报表，以结果为导向创建的，其无法将关键事项的业务特征及要求展现出来，无法精准判断每个环节的情况。要利用新一代信息技术对传统预算管理体系进行变革，注重业务层面的数据和要求，拓展并优化预算管理的维度，深化业务经营最小目标与预算管理体系的融合，从而形成科学、有效的数字化预算管理体系。同时，数字化的预算管理体系能够带动业务、财务与管理流程的数字化变革，推动“业财管”的深度融合，从而提高预算编制、分析、考核等工作的智能化水平，并对整个过程进行动态管控，全面提升预算管理的效率和水平。

改进和完善数字化管控平台

企业可以借助数字化技术创建并完善数字化管控平台，以满足数字化转型的需求。一方面，企业可以依托大数据、云计算等技术最大限度地扩充财务数据库，对与企业生产经营相关的数据进行收集、整合、动态处理、智能分析，深入挖掘数据的价值；另一方面，企业可以利用物联网、大数据等技术打通企业内部各业务板块之间的联系，消除数据孤岛问题，实现数据的融合与统一，使数据能够“物尽其用”，避免信息浪费，通过对融合数据的分析和处理，提升预算管理的科学性与准确性。

科学运用预算编制手段与数字化技术

企业要充分发挥数字化技术的创新优势，借助数字技术推动预算管理理念、管理模式、组织架构、管理流程的创新和升级，同时加强数字化预算管理的相关培训，使管理人员能够合理地、熟练地运用数字化手段进行各项操作，实现数字化技术与预算管理的巧妙融合。例如，企业可以借助人工智能技术捕捉和整合图片、影像、声音、文本等信息中有用的数据，依法搜集和调研国家的经济政策、财务政策、经济战略等，收集和整合企业经营发展过程中的有效信息，进一步扩充预算管理的相关数据库，然后借助数字化技术创建数据模型分析平台，对这些数据进行统筹分析，制定更加合理、高效、准确的预算管理策略，并通过数字化手段加以执行，从而避免人为因素带来的偏差，提升预算管理的准确率和效率，全面发挥预算管理的职能，推动企业健康发展。

在数字化技术的加持下，企业能够以充足的数据为支撑，结合企业发展的实际情况，灵活运用固定预算、增量预算、零基预算、滚动预算等预算编制手段，实现科学、高效的全面预算管理。

03　预算编制自动化、智能化

要实现预算管理的数字化转型，首先，要改变人工编制预算的方式，提高预算编制、预算管理的信息化水平，引入信息化系统将企业的业务系统、财务系统、管理体系连接在一起，按照预算管理体系所涵盖的各类要素进行专业化分工，对预算管理流程进行改造；其次，创建一个覆盖企业内部所有价值链的预算信息系统，为预算管理的数字化转型奠定良好的基础。

财务部门要积极引入先进技术实现预算编制的自动化与智能化，利用机器人或者自动化系统帮助预算管理人员分担一些事务性工作，让预算管理人员可以将更多的时间与精力投入到价值更高的工作之中。当然，要想做到这一点，单纯地引入先进技术远远不够，预算管理人员还要做好以下三项工作。

梳理底层基础体系

这里所说的底层基础体系指的是规则与维度体系。其中，规则指的是预算模型的计算规则，包括业务计划向财务预算转换的规则、分析指标的计算规则。规则梳理的重点是财务报表钩稽关系的确定规则，以减少重复性工作。维度体系是以预算管理的角度形成一套维度主数据体系，建立业务与财务的转换逻辑，支持预算管理人员使用多种语言对一套维度体系进行表达。

通过对规则与维度体系的梳理，预算管理人员可以改变预算方案的编制方式，实现动态编制与动态调整，对各类数据进行逐层汇总、计算与分析，根据数据分析结果提高各层级预算编制的精细化程度。

预算控制机制的智能化

财务管理人员可以借助费控和商旅平台等智能化共享平台对预算费用执行全过程进行严格管控，在事前梳理预算控制流程，简化预算控制程序，提高预算控制效率，同时建立自动化预警机制，对预算执行过程与进展进行跟踪监控，保证预算执行效果。

在传统的预算管理中，预算编制与预算控制这两个环节消耗了财务人员大量的时间与精力。这两个环节完成数字化、智能化改造之后，财务人员可以将更多时间与精力投入到了解业务与管理需求，设计多维度预算分析模型的工作中。同时，财务部门可以利用数据中台与其他部门共享规则与维度，支持这些部门根据需要生成预算分析报表，并实时了解预算执行情况，从而制定科学的决策。

严格把控预算编制工作

在实际应用中，全面预算管理工作呈现出动态、多变的特点。因此企业在开展全面预算管理时，应当结合自身所处的不同阶段的发展目标对预算进行拆分，可以将预算细分为五年规划、年度预算、季度预算、月度预算，具体如表 24-1 所示。

表 24-1　不同类型预算的主要内容

预算类型	主要内容
五年规划	即结合企业经营发展的整体战略目标，从长远发展的角度，科学准确地衡量企业整体的效益指标
年度预算	即结合企业一整年的经营目标，对本年度内的投资管理、资金收支、经营效益进行全面、准确测算
季度预算	即结合季度经营目标对相关活动效果进行合理测算，同时基于年度总体目标对下一季度的目标和资源配置进行合理优化
月度预算	即基于年度总体目标，结合每月的效益完成情况，对剩余月份的预算进行合理规划

此外，科学的预算指标体系和预算参数对预算编制也极为重要。科学的预算指标体系能够为企业提供一种约束、责任、激励机制，既可以约束相关部门的行为，又能激发相关人员的积极性，促使其发挥主观能动性，从而促进企业与个人共同进步。科学的预算参数能够帮助企业借鉴同类先进企业的经验，明确自身的预算目标，实现长远发展。

总而言之，预算管理的数字化转型并不容易实现，其涉及了企业的方方面面，需要以企业的数字化转型为前提，在企业推进数字化转型的过程中建立数字化的制度与流程，固化管理要求，让员工认识到数字化转型的重要性，激发各部门数字化转型的积极性，进而推动预算管理数字化。同时，预算管理数字化还要以财务人员的能力为依托，要求财务人员具备敏锐的市场洞察力、良好的沟通能力、对未来发展的预见力、坚定的意志力以及强大的执行力，保证数字化转型方案有序落地。

04 企业全面预算管理的实践策略

合理分解预算指标，明确责任主体

财务人员在确定了整体的预算指标之后，需要将预算指标进行细分，先将整体预算指标按照年度预算指标、季度预算指标、月度预算指标进行阶段分解；再基于管理职责或目标利润，按照部门、团队和岗位进行逐级分解，使预算指标落实到每个人身上，明确责任主体，从而实现预算管理过程的全程管控，对相关责任主体起到监督、约束和激励作用，推动企业健康发展。

实施有效的预算控制

在全面预算管理工作中，企业要做好预算控制。一方面，企业要借助数字化技术，结合每月的经营状况进行同比、环比分析，明确影响市场变化的各种因素，并对其做出合理分析，结合自身实际情况调整发展方向和策略，以实现对经营指标的有效控制；另一方面，企业要制定合理的预算管控制度，使预算管控制度化，以进一步加强预算控制效果，可以从以下几个方面进行考虑，如表 24-2 所示。

表 24-2　预算管控制度需考虑的 3 个方面

三大方面	主要作用
制定职能部门包干管理控制制度	加强对设备设施维护费用、会议费用、通信费用、差旅费用、员工成本等重点和敏感费用的管控
制定部分费用定额控制制度与关键费用预算审批制度	将会议费用、通信费用、差旅费用等非生产性费用与相关岗位员工的绩效挂钩，加强对这类费用的管控，节约成本支出
制定专项审批制度	实现对年度预算费用以外的额外费用的管控

健全预算绩效评价考核体系

企业可以借助数字化技术，基于自身战略目标创建并完善预算绩效评价考核体系，创新预算目标考核机制，借助人工智能、云计算等技术加强对预算管理源头与过程的监控，对预算落实情况进行实时监管，准确、有效地管控预算绩效目标的完成情况。

此外，企业要在预算绩效评价考核体系的基础上，建立并完善全面预算关键指标与闭环管理体系，着重强调绩效评价结果，将其与个人、团队、部门的绩效挂钩，并设置相应的奖罚机制，从正反两方面强化相关人员的支出责任与效率意识以及全面预算管理意识。

完善预算管理保障机制

在企业数字化转型过程中，完善的预算管理保障机制非常重要。具体来说，就是要建设一支数字化预算管理的人才队伍，为全面预算管理提供强有力的支撑。因此，企业要积极开展相应的培训活动，一方面要注重全面预算管理业务基础知识的培训，引进国外相关领域的知名专家，对我国财务人员开展相关理论知识的培训。同时，借鉴国外全面预算管理的成功经验，结合我国企业的实际情况，打造适合我国企业发展的全面预算管理培训知识体系，拓宽财务人员的知识面。另一方面要注重数字化技能的培训，整合数字化技术在其他领域的应用经验，结合全面预算管理的业务内容和流程进行培训，提升财务人员的数字化能力。此外，企业要注重理论与实践相结合，全面提升财务人员的综合能力。

总而言之，企业的经营管理要以全面预算管理为切入点，落实各项工作，推动企业健康持续发展。在数字化转型背景下，企业要将数字化技术与全面预算管理进行深度融合，结合自身发展情况和战略目标，发挥数字化技术优势，推动全面预算管理工作的优化和完善，实现高效的全面预算管理，带动企业稳定长远发展。